# DeepSeek 爆改生意指南

获客 ◎ 编著

北京日报出版社

图书在版编目（CIP）数据

DeepSeek爆改生意指南 / 获客编著. -- 北京：北京日报出版社, 2025. 5. -- ISBN 978-7-5477-5256-2

I. F713.365.2

中国国家版本馆CIP数据核字第2025XT7324号

## DeepSeek 爆改生意指南

| | |
|---|---|
| 出版发行： | 北京日报出版社 |
| 地　　址： | 北京市东城区东单三条8-16号东方广场东配楼四层 |
| 邮　　编： | 100005 |
| 电　　话： | 发行部：（010）65255876 |
| | 总编室：（010）65252135 |
| 印　　刷： | 河北盛世彩捷印刷有限公司 |
| 经　　销： | 各地新华书店 |
| 版　　次： | 2025年5月第1版 |
| | 2025年5月第1次印刷 |
| 开　　本： | 710毫米×1000毫米　1/16 |
| 印　　张： | 14.5 |
| 字　　数： | 139千字 |
| 定　　价： | 79.00元 |

版权所有，侵权必究，未经许可，不得转载

# PREFACE
## 前言

**这是一本带你玩转AI，让DeepSeek替你办事的实战手册！**

你知道吗？现在用AI写周报的员工，比吭哧吭哧熬夜加班的人早下班两小时；用AI做市场分析的老板，比凭经验做决策的同行少踩80%的坑。

这不是科幻电影，而是正在发生的职场革命。

或许，你也是那个曾经被AI吓退的普通人。第一次打开DeepSeek时，看着满屏的专业术语，连"Prompt"（指令）这个词都要查中文含义。但当你真正摸清门道后，会发现这玩意儿简直是阿拉丁神灯——只要你会许愿，它就能给你变出文稿、方案、报告，甚至帮你把烦人的数据和资料都调教得服服帖帖。

## 小白入门指南

别被"人工智能"四个字唬住，这本书没有代码和算法，就像教奶奶用智能手机一样手把手教你：

1.搭建你的AI助手：从注册账号到基础对话，20分钟喝杯咖啡的时间就能搞定。

2.必学"咒语"：从"帮我写个会议纪要"到"用小学生都能懂的话解释区块链"。

3.避坑指南：为什么你让AI写方案总跑偏？可能是你"许愿"的姿势不对。

## 老板们的秘密武器

有位餐饮老板用DeepSeek干了件事：把全市20家门店的客诉记录喂给AI，第二天就拿到了菜品改进方案、服务员培训重点和外卖包装优化建议。

用他的话说：以前请咨询公司花20万做的事，现在0成本就搞定了。

## 打工人自救方案

周一早晨的"周报地狱"？让DeepSeek消化你上周的工作邮件，5分钟生成带图表的工作总结。

被领导临时抓去写发言稿？输入三个关键词，AI能给你提供3个不同风格的版本供你选择。更厉害的是，它能记住你们公司的文书格式，连页眉、页脚都能自动对齐。

## 做流量的爆款神器

还有做母婴博主的朋友，用AI同时运营5个平台账号：小红书爆款标题生成器、抖音脚本分镜助手、公众号长文大纲架构师，连评论区互动话术都训练出了专属模板。接广告接到手软，秘诀是把品牌方的产品手册扔给AI，1小时就能生成10条不重样的"种草"文案。AI还能根据不同平台的用户喜好，生成适配的内容，批量生产爆款！

## 专业技术人员的作弊码

程序员老王的"神操作"：让DeepSeek先写基础代码，再让另一个AI检查漏洞，最后自己只需要做关键参数调试。

律师朋友更绝，把《民法典》和司法解释库导入AI，现在处理常规合同审查，速度比实习生团队快三倍，准确率还更高。

---

### 这本书特别适合

- ✓ 经营企业的老板们——让AI替你管公司
- ✓ 带团队的中层管理者——让AI当你的数据分析师
- ✓ 天天加班的"996"战士——让AI替你"打工"
- ✓ 想通过副业变现的斜杠青年——打造24小时在线的AI"生产车间"
- ✓ 创业小个体生意人——用AI降本增效

可能有杠精会说："AI迟早取代人类。"但事实是：取代你的从来不是AI，而是会用AI的人。

当别人用DeepSeek一小时干完你三天的工作量时，老板看考勤表的表情会比AI还冰冷。

本书将带你感受AI改变生意、改变工作、改变生活的力量，开启你的AI之旅！

# CONTENTS

## 目 录

### 第一章 | 走进DeepSeek

1.1 什么是DeepSeek ... 002

1.2 DeepSeek有什么用 ... 002

1.3 为什么DeepSeek这么火 ... 003

1.4 快速上手DeepSeek ... 005

### 第二章 | DeepSeek爆改文案：灵感10秒快速成稿，批量生产爆款内容

2.1 案例1：知名美妆品牌"AI + 文案"做新品，社媒话题量增长35% ... 010

2.2 案例2：成都小型独立咖啡店，粉丝月增长60% ... 011

2.3 案例3：自由职业设计师巧用AI设计，项目接到手软 ... 012

2.4 实操攻略：零基础AI写作速成指南 ... 013

2.5 知识补给站：国内其他4大语言类AI运用大盘点 ... 040

### 第三章 | DeepSeek+豆包：AI一键出图，1个普通人=10个设计师

3.1 案例1：游戏公司用AI批量生产广告素材，游戏下载量增长180% ... 044

3.2 案例2：社区面包店AI视觉营销升级，闯入本地美食榜Top10 ... 045

3.3 案例3：自媒体博主AI视觉内容变现，首月销售额突破15万元 ... 047

3.4 实操攻略：人人都能做"智创设计师" ... 049

3.5 知识补给站：小白也能聊的AI生图科技潮 ... 063

## 第四章 │ 即梦+剪映打爆流量：超强AI组合技，轻松日更100条短视频

4.1 案例1：南京运动服装品牌用"AI + 短视频"的方式，发布效率
提升900%　　　　　　　　　　　　　　　　　　　　　　070

4.2 案例2：创业手作饰品店启用AI，小店月销从3万增至28万　　072

4.3 案例3：南昌UI设计师创作AI短视频，斩获大赛金奖　　　　074

4.4 实操攻略：从图生视频到进阶创作全搞定　　　　　　　　　076

4.5 知识补给站：了解AI如何重塑视频生产　　　　　　　　　　083

## 第五章 │ DeepSeek+超级个体：暴力起号！30天用AI数字人打造赚钱IP

5.1 案例：杭州宝妈用AI打造IP，30天涨粉10万　　　　　　　088

5.2 实操攻略：AI数字人口播视频，3步打造百万播放量　　　　091

5.3 知识补给站：AI时代的创作红利，普通人如何抢占先机　　　113

## 第六章 │ DeepSeek+自媒体矩阵：1人操盘100个账号，AI自动化批量引流1000+

6.1 案例：AI批量打造爆款养生矩阵账号，单月流量破10亿　　118

6.2 实操攻略：1人操盘100个账号，AI矩阵玩法揭秘　　　　　122

6.3 知识补给站：为什么AI矩阵将成为未来内容创作的必然　　　136

## 第七章 │ DeepSeek+直播变现：1人=100个主播，24小时不眠不休狂卖

7.1 案例1：家电巨头如何用72小时AI无人直播创造2100万GMV　142

7.2 案例2：杭州火锅店如何用AI后厨直播使转化率提升175%　　145

7.3 案例3：宝妈如何用AI直播实现零经验单日GMV破百万　　　148

7.4 实操攻略：手把手教你AI直播，5分钟生成数字人带货　　　153

7.5 知识补给站：AI直播颠覆传统电商，如何抓住趋势赚得更多　173

## 第八章 │ DeepSeek+付费投流：海量生成素材，广告爆单率狂飙100%

8.1 案例：鲜花电商行业如何用AI让单量暴涨7倍　　　　　　　180

8.2 实操攻略：3分钟教你用AI优化全流程（附操作指令模板）　181

8.3 知识补给站：国内Top3 AI投流工具横向测评　　　　　　　195

## 第九章｜DeepSeek+微信社群：引爆私域，4步榨干80%潜在用户

9.1 案例：母婴行业如何用AI提升复购率　　　　　　　　　　198

9.2 实操攻略：用DeepSeek激活母婴行业80%的意向用户　　　200

9.3 知识补给站：AI私域工具矩阵　　　　　　　　　　　　　207

## 第十章｜DeepSeek重塑管理：5大环节效能爆炸式翻倍，团队战力拉满

10.1 案例：传统制造行业如何用AI创新生产管理　　　　　　210

10.2 实操攻略：用DeepSeek解决企业日常最难搞的五个问题　212

10.3 知识补给站：AI管理工具选型表　　　　　　　　　　　215

# AI时代
## 重构未来的无限可能

In the Era of AI
Refactoring the Infinite Possibilities of the Future

# 第一章

## 走进DeepSeek

DeepSeek是一款独具魅力的AI创作工具，正悄然改变着人们的生活与工作方式。与其他同类AI工具相比，DeepSeek的优势尽显，推理能力、文字处理能力、思考及框架构建能力尤为突出，而且免费使用。

## 1.1 什么是DeepSeek

DeepSeek摒弃传统模式，采用独特算法与模型架构，实现了回应速度与内容质量的飞跃。遇到复杂问题，它能敏锐捕捉关键，快速调动知识，给出的答案精准、细致，逻辑严密。无论是日常答疑，还是专业助力，DeepSeek都表现卓越。

凭借这些特性，DeepSeek正逐渐成为人们在各类场景中不可或缺的智能助手，助力大家更高效地应对生活和工作中的挑战。

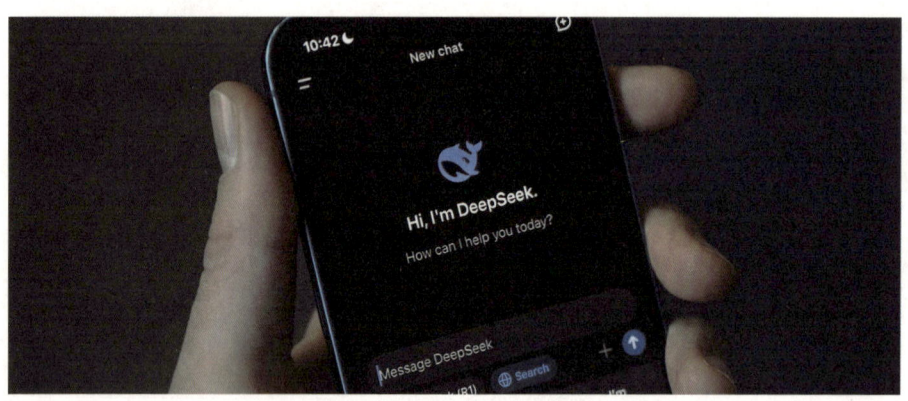

## 1.2 DeepSeek有什么用

**问答对话**：直接对话解决难题，如"帮我写个病假条，要显得严重但别被HR识破"。

**文案生成**：自动生成周报/策划案/小红书文案。比如，输入"七夕奶茶店活动"，5分钟输出完整执行方案。

**爆款脚本**：DeepSeek能快速分析热门话题和用户喜好，帮你抓准流行趋势。自动生成吸睛标题、冲突情节和反转点，提升内容吸引力，让脚本更易引发共鸣和传播。

**流量赋能**：它能分析平台算法偏好，优化内容发布时间和关键词。利用数据分析用户行为，精准调整投放策略，提升曝光率，引导自然流量增长，同时降低试错成本。

**数据分析**：把混乱的销售数据变成可视化图表，自动找出"销量高却赔钱"的爆款陷阱。

**任务管理**：智能拆分复杂项目。比如，把"产品发布会"拆解成13个待办事项。

**学习助手**：文献速读+考点提炼，30篇论文5分钟提取知识框架，附送答辩常见问题库。

**商业决策**：输入店铺位置和租金，预测周边消费力并推荐定价策略，提供经营建议。

## 1.3 为什么DeepSeek这么火

### 1.3.1 更懂中国人的AI管家

DeepSeek对中文的理解，是完胜其他AI模型的。它不仅能听懂"摸鱼""躺平"等网络流行语，还能自动识别东北话、四川话等方言指令。针对本土需求开发特色功能：帮小老板生成《夜市摆摊指南》，给宝妈定制《家长群发言话术库》，甚至能结合最新政策解读社保缴纳攻略。在电商客服、公文写作等场景中，专业术语识别准确率达98%，比国际竞品更懂"中国特色需求"。

> ● **实战验证**
>
> 餐饮老板输入"帮我撑个难搞的供货商"，DeepSeek自动生成三套话术：强硬版引用《食品安全法》条款，委婉版用"最近生意难做"打感情牌，折中版提出"先付50%货款+赠送新品试吃"的解决方案。
>
> 大学生用四川话提问"毕业论文啷个写吗？"DeepSeek不仅提供关于论文框架的建议，还推荐川渝地区特色案例库。

### 1.3.2 流量获客"永动机"

简单地说，DeepSeek可以帮品牌和个人降低做流量的成本，百倍提升内容产出的质量和效率；可以帮你自动生成吸引人的图文/视频内容（如爆款带货文案、热门短视频脚本），还能根据不同平台的特点，为你精准生成用户爱看的内容，还会根据点赞、评论等数据调整策略，让你少花冤枉钱。

● 实战验证

比如，卖货的博主用AI分析哪些商品好卖、直播时怎么说话更打动观众，实测结果显示销量提升了30%以上。

比如，你开奶茶店，用AI生成朋友圈晒产品的图文话术，结果新客增加了25%，老客回头率提升了18%。

### 1.3.3 逻辑狂魔附体

面对"奶茶店月亏3万，如何止损？"这类复杂问题，AI可以在5分钟内输出带数据支撑的解决方案：从原料损耗分析到爆品重组建议，自动生成带成本核算表和风险预案的15页诊断报告。实测处理商业咨询类任务时，DeepSeek给出的方案的落地转化率比其他同类工具高40%，推理链条完整度堪比专业顾问。

● 实战验证

杭州某高校奶茶店在经营中发现，每周三下午订单量总会突然暴跌70%，用DeepSeek结合高校的课程表分析后，发现是"周三全天实验课"导致客源流失。于是建议老板推出"实验报告急救套餐"（奶茶+打印服务+数据模板U盘），成功将低谷时段营收提升120%。

### 1.3.4 免费生产力外挂

个人用户永久免费使用全部功能，企业API调用成本仅为行业均价的1/3。某创业团队实测结果：用DeepSeek处理客服咨询+营销文案+数据分析，综合效率提升

3倍，年度人力成本节省超12万元。开发者接口按实际使用量计费，10元就能进行2000次智能问答，性价比碾压其他付费工具。

> ● 实战验证
>
> 　　摆摊卖淀粉肠的小贩，用语音输入"帮我算一下今天该准备多少根肠"，直接获得带天气、周边人流数据的备货建议，省去购买餐饮管理软件的费用。
>
> 　　大学生用免费版生成小组作业PPT，自动匹配学校Logo和导师偏好的学术风格，比专业设计公司出稿更快。

从早点摊到上市公司，DeepSeek正在重新定义生产力工具——让最不懂技术的人，也能用自然语言获取专业级解决方案。

## 1.4 快速上手DeepSeek

### 1.4.1 如何下载注册电脑版DeepSeek

　　1.在浏览器里输入官方网址：https://chat.deepseek.com/

　　或登录官方客户端：https://download.deepseek.com/app/

　　或网页搜索"腾讯元宝"，选择DeepSeek深度思考模式地址：https://yuanbao.tencent.com/evt/dl?tridChannel=baidu.pcpz.x&pkgChId=3003

2.打开DeepSeek，选择手机验证码登录，或者是扫码登录，操作完成后会自动注册并登录。

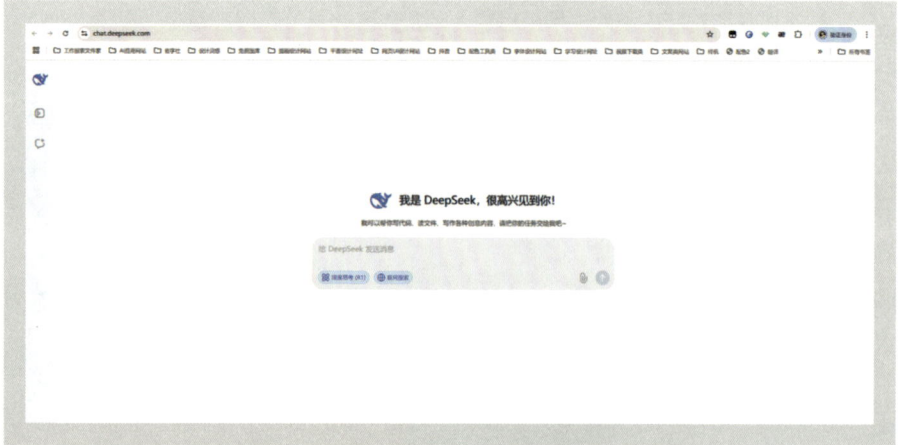

## 1.4.2 如何下载注册手机版DeepSeek

1.打开手机的应用市场，搜索DeepSeek，并下载DeepSeek App

2.用手机号码或者微信注册

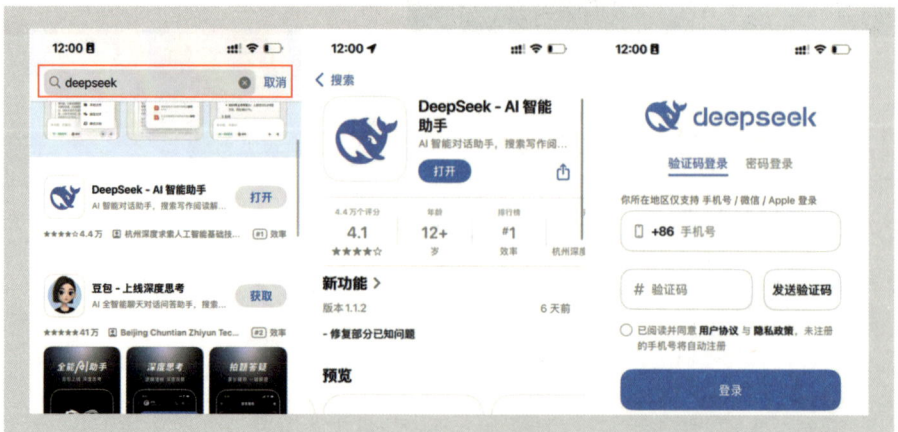

## 1.4.3 如何使用DeepSeek

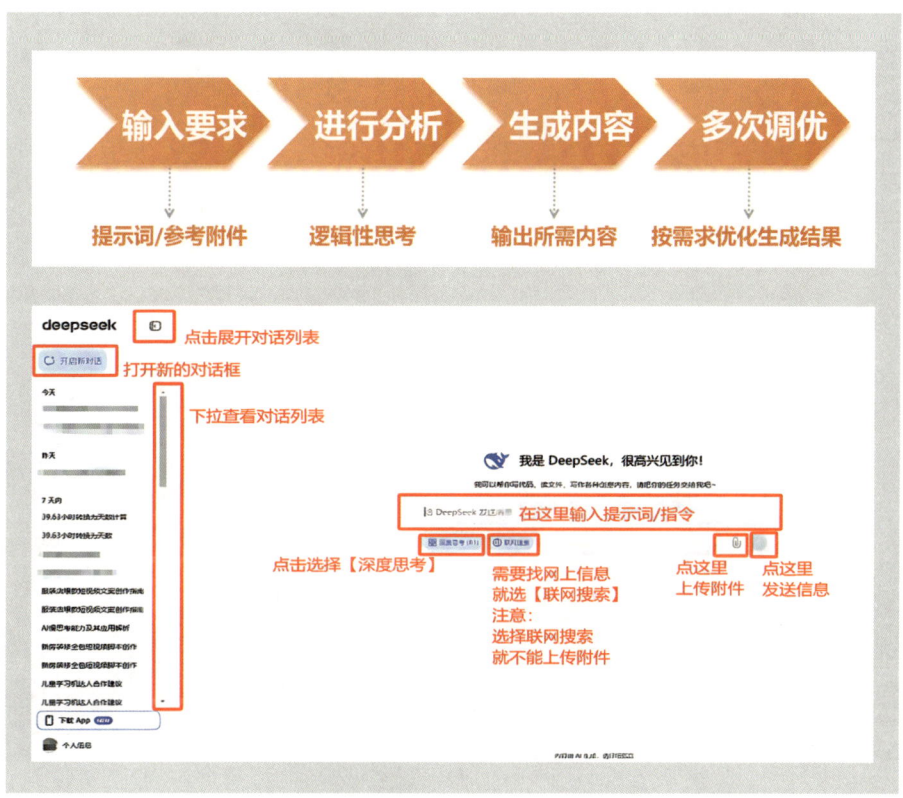

# 第二章

## DeepSeek爆改文案

灵感10秒快速成稿，批量生产爆款内容

使用AI工具做文案，可以提升写作效率。90%的用户体验之后表示，这种智能写作方法，可以让他们的创意捕捉更轻松，进而快速生成初稿，节省大量时间。人们能够从繁重的工作中抽身出来，有更多时间去思考价值创造。

## 2.1 案例1　知名美妆品牌"AI+文案"做新品，社媒话题量增长35%

### ● 案例背景

某全球知名的美妆品牌，近年来希望通过数字化手段提升社交媒体营销效果，尤其是在新品推广和用户互动方面。该品牌引入AI技术，结合智能文案生成工具，优化其社交媒体内容。

### ✓ 取得的结果

通过"AI+文案"的方式，该品牌在海外社交媒体上的互动率提升了40%，新品"眼霜"的社交媒体话题量增长了35%，并直接推动了该产品在上市首月的销量增长。

### ⚛ 具体做法

**AI数据分析**：该品牌使用AI工具，分析了社交媒体上用户对眼霜类产品的讨论热点，发现"抗衰老""淡化细纹""性价比"是用户最关心的关键词。

**智能文案生成**：基于这些关键词，该品牌使用AI文案生成工具，自动生成了多条文案，如"告别细纹，年轻只需一'抹'！××眼霜，抗衰老黑科技，性价比之王！"

**A/B测试**：该品牌将AI生成的文案与人工撰写的文案进行A/B测试（分成A组和B组），最终选择了互动率最高的文案进行大规模投放。

**动态优化**：在投放过程中，实时监测用户反馈，并根据数据动态调整文案内容。例如，增加"限时优惠"等促销信息，进一步提升转化率。

## 方法论总结

**"AI+文案"提效模型**

**AI数据分析+智能文案生成+A/B测试+动态优化**
**=高效营销**

## 2.2 案例2　成都小型独立咖啡店,粉丝月增长60%

● **案例背景**

有一家位于成都的小型独立咖啡店,店主希望通过社交媒体吸引更多年轻人到店消费。由于预算有限,店主决定尝试"AI+文案"的方式,提升线上曝光率和线下转化率。

☑ **取得的结果**

通过"AI+文案"的方式,咖啡店的微信公众号粉丝数在一个月内增长了60%,到店顾客数量增加了25%,且顾客的复购率显著提升。

**具体做法**

**AI内容推荐**:店主使用AI工具,分析了成都本地年轻人常讨论的热门话题,发现"小众咖啡""打卡拍照""健康生活"是近期热门。

**文案生成**:基于这些话题,店主使用AI文案生成工具,自动生成了多条文案,如"来××咖啡店,打卡成都最'上镜'的角落!每一杯咖啡,都是健康生活的开始!"

**社交媒体投放：** 店主将这些文案发布在微信公众号和小红书上，并配合"拍照打卡送咖啡"的活动，吸引用户到店消费。

**用户互动：** 利用AI工具，回复用户的评论和私信，提升用户互动率。

## 方法论总结

### "AI+文案"变现模型

### AI内容推荐+文案生成+社交媒体投放+用户互动 = 线下转化

## 2.3 案例3　自由职业设计师巧用AI设计，项目接到手软

### ● 案例背景

李小姐是一名自由职业设计师，希望通过社交媒体展示自己的作品，吸引更多客户合作。由于时间有限，她决定使用"AI+文案"的方式，来提升个人品牌的曝光率和客户转化率。

### ☑ 取得的结果

通过"AI+文案"的方式，李小姐的小红书粉丝数在两个月内增长了80%，接到了6个新的设计项目，收入增加了40%。

## ❖ 具体做法

**AI内容分析**：李小姐使用AI工具，分析了设计行业的热门话题，发现"极简风设计""品牌视觉升级""Logo设计"是近期热门。

**文案生成**：基于这些话题，李小姐使用AI文案生成工具，自动生成了多条展示自己作品的文案，如"极简风Logo设计，让你的品牌一眼难忘！点击查看我的最新案例！"

**内容发布**：李小姐将这些文案与作品图片一起发布在小红书和Behance上，并定期更新，保持活跃度。

**客户沟通**：AI工具还帮助李小姐回复潜在客户的咨询，提升了沟通效率。

## 方法论总结

> **"AI+文案"增收模型**
>
> **AI内容分析+文案生成+内容发布+客户沟通**
> **= 个人品牌增值**

## 2.4 实操攻略：零基础AI写作速成指南

### ★ 高效提问法则

**法则一：需求明确化**

×错误示例："帮我随便写点东西。"

√正确姿势："我需要一封应聘市场营销经理的求职信，突出5年品牌策划经验及成功案例。"

**法则二：补充背景信息**

×错误示例："整理一下这份报告。"

√正确姿势："这是一份2023年Q4电商平台用户行为报告，请提炼出复购率与促销活动关联性的关键结论（附Excel表格）。"

**法则三：格式清晰化**

×**错误示例：** "设计几个活动方案。"

√**正确姿势：** "请以分点形式列出3种中秋节线下快闪店活动方案，需包含执行步骤、预算分配及风险预估。"

**法则四：内容精简化**

×**错误示例：** "展开讲讲。"

√**正确姿势：** "请用150字简述人工智能的发展趋势，面向非技术背景的中学生群体。"

**法则五：反馈与修正**

**若对回答不满意，可回复：**

"方案创意不足，请增加3个差异化亮点。"

"请将第三部分的语言风格调整为口语化表达。"

## 2.4.1 爆款文案&脚本改写

### ★ 基础改写流程

**步骤1** 打开DeepSeek。

**步骤2** 输入原始文案：粘贴需要改写的文字。

---

**示例输入**

原稿：我们的产品采用先进纳米技术，能有效去除99.9%的细菌，保护家人健康，现在购买享8折优惠。

**步骤3** 设置改写指令（关键步骤）。

| 改写类型 | 指令模板 | 输出示例 |
| --- | --- | --- |
| 风格调整 | "将以下文案改写成（年轻化/专业感/接地气）风格" | "这黑科技纳米涂层超能打！灭掉99.9%细菌，全家健康buff加满！冲就完事，现在剁手直接砍价20%！" |
| 口语化改写 | "用小红书博主语气优化文案" | "救命！这个纳米抗菌神器真的绝！实测干掉99.9%细菌！本宝妈狂囤3瓶，现在入坑立省20%！" |
| SEO优化 | "植入关键词：健康家电、家庭防护、6·18优惠" | "【健康家电必入】纳米抗菌技术守护全家！家庭防护升级首选，6·18限时8折，除菌率高达99.9%！" |
| 情感强化 | "增强紧迫感和稀缺性" | "纳米抗菌黑科技最后36小时特惠！错过今天再等1年！已有2356个家庭抢先体验，库存告急！" |

**步骤4** 优化生成结果：对生成结果不满意，可以多次提要求。比如，"太短了，扩写一下，不少于500字""三段式输出"等。调整优化后，可以得到更满意的结果。

生成界面展示如下。

> 我们的产品采用先进纳米技术，能有效去除99.9%的细菌，保护家人健康，现在购买享8折优惠。
> 将以上文案改写成[年轻化/专业感/接地气]风格

已深度思考（用时 17 秒）

嗯，用户让我把一段文案改写成年轻化、专业感和接地气的风格。首先，我需要理解原文的核心信息：产品使用纳米技术，能去除99.9%的细菌，保护家人健康，现在有8折优惠。

接下来，分析每个风格的要求。年轻化可能需要更活泼、有网感的语言，比如使用流行词汇或表情符号。专业感要保持可信度，可能需要强调技术权威和数据。接地气则需要更贴近日常用语，让受众感觉亲切。

然后，考虑如何平衡这三个风格。年轻化和接地气有时可以结合，比如用口语化的表达，但专业感需要加入权威的数据或认证。可能需要分句处理，比如开头用吸引年轻人的词汇，中间加入专业的数据支持，结尾用激励的促销语。

还要注意目标受众。年轻化的文案可能针对的是20-35岁的群体，他们喜欢简洁、有活力的表达。专业感可能需要引用权威机构或具体的数据，比如"SGS认证"来增加可信度。接地气的话，可以用"细菌全家桶"这样的比喻，让信息更易理解。

然后检查原文的结构，可能需要调整顺序。比如先突出效果，再讲技术，最后促销。或者用疑问句开头引起注意，比如"还在担心细菌搞事情？"这样更吸引人。

还要考虑使用符号或排版，比如表情符号、感叹号来增强年轻化的感觉。同时，保持句子简短有力，避免过于复杂的结构。

最后，整合这些元素，确保信息准确传达，同时符合三种风格的混合。可能需要多次调整，找到合适的平衡点，让文案既有活力又不失专业，还让人感觉亲切自然。

【年轻化风格】
"纳米黑科技暴击细菌！99.9%团灭率守护全家，现在剁手立省20%！细菌君退退退！🛡️💥"

【专业感风格】
"采用ISO认证纳米级抗菌技术，经SGS实验室检测对大肠杆菌/金色葡萄球菌等致病菌灭杀率达99.93%，现限时开放行业专享价。"

【接地气风格】
"细菌全家桶退散神器！隔壁老王都装了的纳米防护盾，三胎家庭实测有效，现在下单直接打八折！"

【三合一混合版】
"还在担心细菌搞事情？🔍中科院同款纳米技术出手了！实验室报告显示干翻99.9%常见病菌，现在上车立砍20%预算，给全家穿件隐形防护甲！"

每个版本都保留核心卖点：

1. 年轻化：使用"黑科技""暴击""团灭"等游戏化语言，配合表情符号
2. 专业感：强调认证机构、具体菌种和精确数据
3. 接地气：采用"全家桶""隔壁老王"等生活化比喻
4. 混合版：用疑问句制造互动感，穿插专业背书和日常比喻，结尾用"隐形防护甲"强化产品价值

## ★ 高级改写技巧

### 01 数据强化改写

**指令**:"在文案中加入对比数据,提升可信度"

**原句**:充电速度更快。

**改写**:比普通充电器提速300%,实测25分钟充满5000mAh电池(某品牌实验室数据)。

### 02 场景化植入

**指令**:"添加办公室/母婴室/健身房使用场景"

**原句**:降噪耳机保护听力。

**改写**:健身房器械轰响?地铁里人声嘈杂?××降噪耳机智能识别85种噪声,戴上瞬间切换到静音模式!

### 03 痛点解决方案

**指令**:"用问题—解决结构改写"

**原句**:我们的洗衣液去污力强。

**改写**:咖啡渍、口红印、宝宝尿渍总洗不净?××生物酶洗衣液3步分解顽固污渍,实验证明去污力超国标3倍!

### 04 平台适配改写

| 平台 | 改写要点 | 示例指令 |
| --- | --- | --- |
| 抖音 | 前3秒悬念+高频感叹号 | "添加'你一定不知道'开头,每10字加emoji" |
| 公众号 | 故事化开头+数据论证 | "用'去年有个宝妈发现……'引出产品" |
| B站 | 玩梗+二次元元素 | "融入'肝帝''暴击'等游戏术语" |

## 05 热点借力改写

**指令**:"结合最近(淄博烧烤/酱香拿铁)热点优化"
**输出示例**:比酱香拿铁还上头!这瓶纳米除菌喷雾24小时守护餐桌安全,淄博烧烤店同款!

## 06 地域化适配

**指令**:"加入上海本地化元素"
**原句**:配送覆盖全国。
**改写**:静安寺30分钟送达,外滩夜景配送可视化,全上海256个社区即点即送!

### 2.4.2 文档分析

★ 文档基础操作流程

**步骤1** 打开DeepSeek。

**步骤2** 文档准备,确保文档为支持的格式(如PDF、DOCX、TXT等)。文档大小通常限制在100MB以内(不同版本可能不同)。

**步骤3** 单击回形针图标,上传准备好的文档(注意:"联网搜索"功能开启时,回形针图标变灰,就不能上传文件)。

**步骤4** 等待文档上传成功。

**步骤5** 输入分析指令。

在对话框中输入分析指令，例如：

总结文档："请用200字总结这份文档的核心内容。"

提取关键信息："列出文档中提到的所有技术术语。"

问答："根据文档，说明××技术的三个优势是什么？"

按回车键或单击【箭头】图标获取分析结果。

我是 DeepSeek，很高兴见到你！
我可以帮你写代码、读文件、写作各种创意内容，请把你的任务交给我吧~
仅识别附件中的文字
200个爆款热门文案.p...
PDF 437.64KB
请用200字总结这份文档的核心内容
深度思考 (R1)
联网搜索

分析界面展示如下。

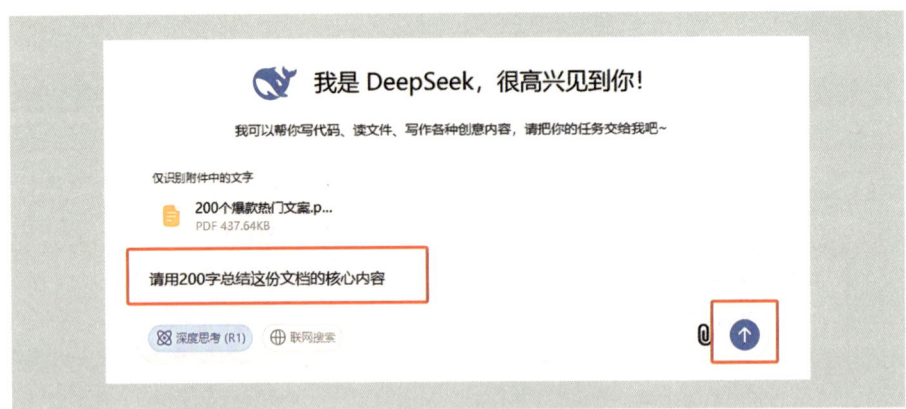

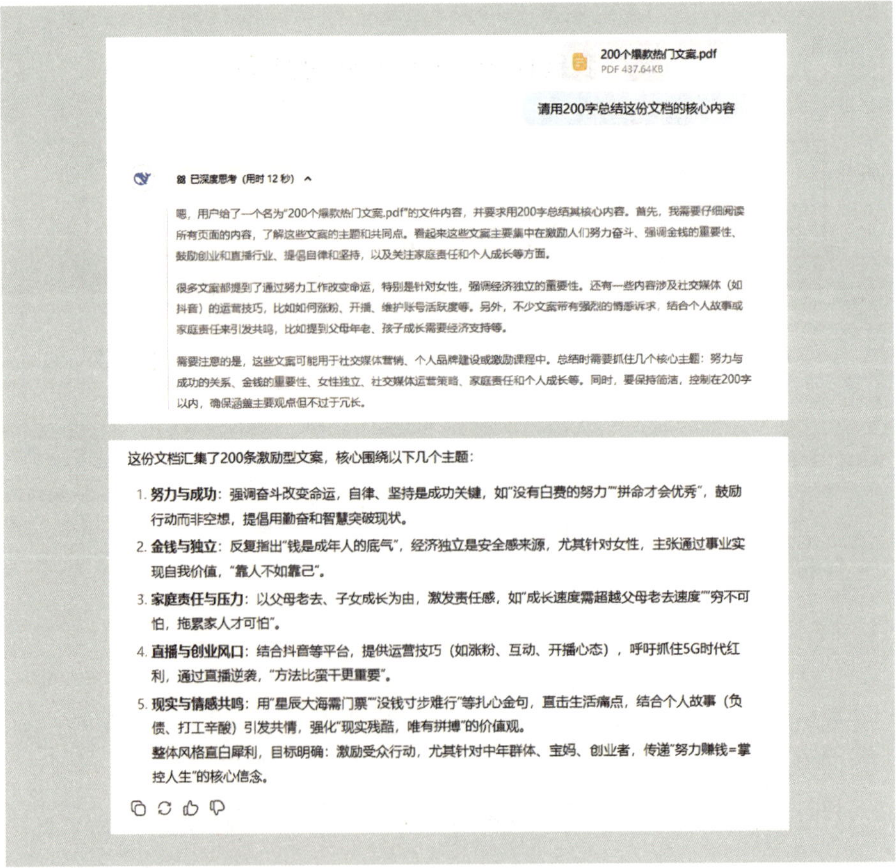
200个爆款热门文案.pdf
PDF 437.64KB
请用200字总结这份文档的核心内容
已深度思考（用时 12 秒）
嗯，用户给了一个名为"200个爆款热门文案.pdf"的文件内容，并要求用200字总结其核心内容。首先，我需要仔细阅读所有页面的内容，了解这些文案的主题和共同点。看起来这些文案主要集中在激励人们努力奋斗、强调金钱的重要性、鼓励创业和直播行业、提倡自律和坚持，以及关注家庭责任和个人成长等方面。
很多文案都提到了通过努力工作改变命运，特别是针对女性，强调经济独立的重要性。还有一些内容涉及社交媒体（如抖音）的运营技巧，比如如何涨粉、开播、维护账号活跃度等。另外，不少文案带有强烈的情感诉求，结合个人故事或家庭责任来引发共鸣，比如提到父母年老、孩子成长需要经济支持等。
需要注意的是，这些文案可能用于社交媒体营销、个人品牌建设或激励课程中。总结时需要抓住几个核心主题：努力与成功的关系、金钱的重要性、女性独立、社交媒体运营策略、家庭责任和个人成长等。同时，要保持简洁，控制在200字以内，确保涵盖主要观点但不过于冗长。
这份文档汇集了200条激励型文案，核心围绕以下几个主题：
1. 努力与成功：强调奋斗改变命运，自律、坚持是成功关键，如"没有白费的努力""拼命才会优秀"，鼓励行动而非空想，提倡用勤奋和智慧突破现状。
2. 金钱与独立：反复指出"钱是成年人的底气"，经济独立是安全感来源，尤其针对女性，主张通过事业实现自我价值，"靠人不如靠己"。
3. 家庭责任与压力：以父母老去、子女成长为由，激发责任感，如"成长速度需超越父母老去速度""穷不可怕，拖累家人才可怕"。
4. 直播与创业风口：结合抖音等平台，提供运营技巧（如涨粉、互动、开播心态），呼吁抓住5G时代红利，通过直播逆袭，"方法比蛮干更重要"。
5. 现实与情感共鸣：用"星辰大海需门票""没钱寸步难行"等扎心金句，直击生活痛点，结合个人故事（负债、打工辛酸）引发共情，强化"现实残酷，唯有拼搏"的价值观。
整体风格直白犀利，目标明确：激励受众行动，尤其针对中年群体、宝妈、创业者，传递"努力赚钱=掌控人生"的核心信念。

### ★ 文档进阶分析技巧

**多文档对比**——上传多个文档后提问："对比A文档和B文档在研究方法上的差异。"

**结构化输出**——指定格式："将分析结果整理为表格，包含页码、关键词和解释。"

**深度学习功能**——使用自然语言指令："找出文档中所有矛盾的观点并评估其逻辑性。"

## 2.4.3 写公众号

### ★ 先搞清楚微信公众号的四大核心特性

● **私域流量**

精准用户群体：可自主运营特定目标用户，降低获客成本。
高黏性互动：通过内容和服务增强用户忠诚度与活跃度。
品牌化运营：强化品牌形象，建立用户信任与长期关系。

● **深度阅读**

完整阅读体验：支持长图文、视频等格式，提供连贯内容。
沉浸式内容消费：无干扰界面设计，提升用户专注度。
高质量内容倾向：吸引深度用户，鼓励优质原创内容输出。

● **规范体系**

内容审核机制：确保内容合法合规，符合平台政策。
发布流程标准化：从编辑到发布有明确操作规范。
运营规则明确：界定账号权限与行为边界，维护生态秩序。

● **互动机制**

评论与点赞：用户可直接反馈，增强内容参与感。
赞赏支持：为创作者提供变现渠道，激励优质内容。
转发分享：通过社交裂变扩大传播范围，提升影响力。

## ★ 再结合AI实现从账号分析到内容产出全流程

**1.账号分析**

（1）打开微信公众号后台，找到"数据分析"—"用户分析"—"用户属性"，截图保存。

（2）打开DeepSeek，上传截图，输入提示词"请根据这张截图，分析我的公众号粉丝画像"。

（3）等待生成结果。

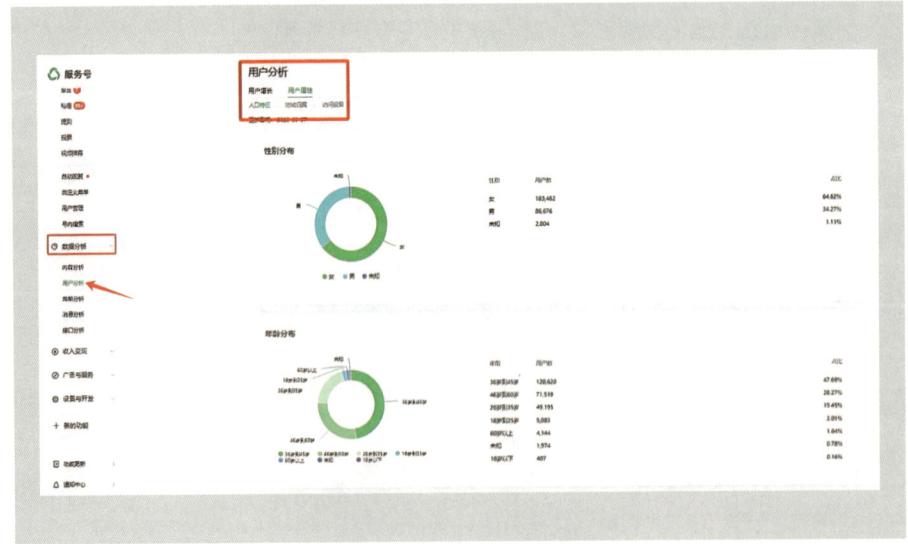

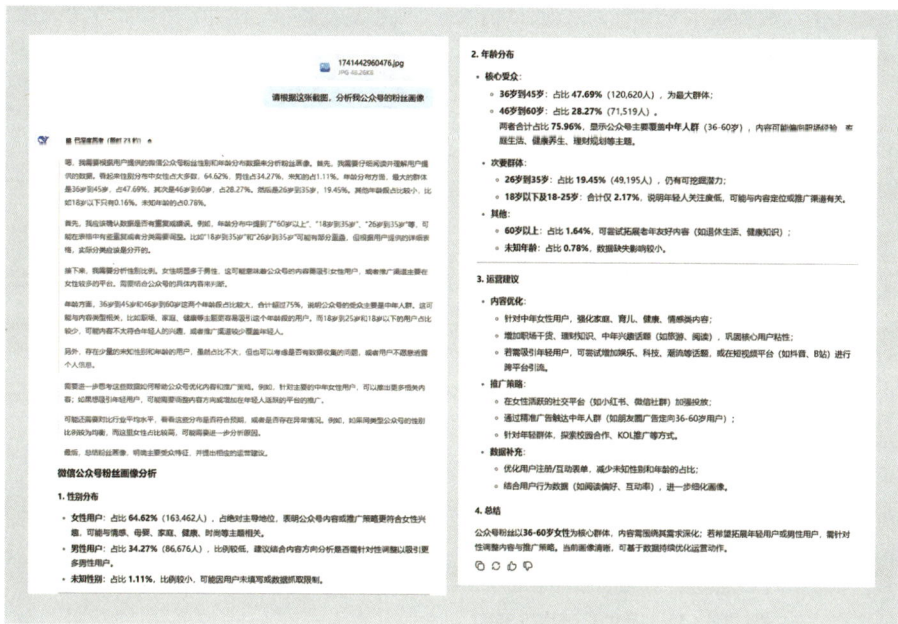

## 2.继续追问

### 追问提示词示例

根据这个粉丝画像，分析这些人群的关注点和需求点，分析他们的痛点、痒点、爽点分别是什么？我如何把握这些点，去创造爆款公众号文章？

请帮我分点输出，同时举例子说明，使用小白能够看懂的语言表达。

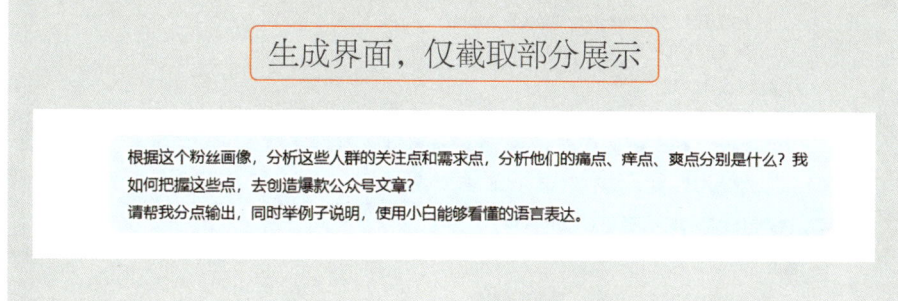

※ 已深度思考（用时 38 秒）∧

好的，我现在需要根据用户提供的公众号粉丝画像，分析他们的关注点、需求点，以及痛点、痒点、爽点，然后给出如何利用这些点来创造爆款文章的建议。首先，我需要回顾一下用户给出的数据：

性别分布中，女性占64.62%，男性34.27%，主要年龄在36-60岁，尤其是36-45岁占比近一半。这说明核心用户是中年女性，可能关注家庭、健康、职场、理财等方面。次要群体是26-35岁，年轻人占比很少。

接下来，我需要理解什么是痛点、痒点、爽点：

- **痛点**：用户迫切需要解决的问题或困扰，可能带来负面情绪。

- **痒点**：用户潜在的欲望或未被满足的期待，不一定紧急但能引发兴趣。

- **爽点**：能够即时满足用户需求，带来愉悦感的解决方案。

然后，我需要结合核心用户的特点来推测他们的关注点和需求：

- **中年女性**（36-60岁）：可能关注家庭管理（如子女教育、夫妻关系）、健康保养、职场压力（如中年转型）、理财规划（如家庭财务）、自我提升（如兴趣培养）等。

- **中年男性**（虽然占比较少，但需考虑他们的需求）：可能关注职场发展、健康问题、家庭责任等。

- **年轻人**（18-35岁，尤其是26-35岁）：可能关注职业成长、婚恋问题、消费指南、个人兴趣等。

现在需要逐一分析每个群体的痛点、痒点、爽点，并举例说明如何转化为文章主题：

### 一、核心群体：36-60岁女性（占比75.96%）

**1. 痛点**（急需解决的问题）：

- **家庭矛盾**：孩子叛逆期不听话、婆媳关系紧张、夫妻沟通少。
  例子：标题《孩子顶嘴怎么办？3句话让叛逆期娃主动认错》。

- **健康困扰**：更年期失眠、关节疼痛、身材走样。
  例子：内容"每天10分钟瑜伽，50岁阿姨腰围瘦了10cm"。

- **财务压力**：家庭开支大、存钱难、养老焦虑。
  例子：《普通家庭月省3000元的5个技巧，主妇必看！》

**2. 痒点**（潜在欲望）：

- **自我提升**：想学新技能但没时间，比如烘焙、插花。
  例子：《周末2小时学会网红蛋糕，朋友圈点赞破百》。

- **生活品质**：希望家里更整洁、仪式感更强。
  例子：《不花钱！用旧物改造让客厅高级感翻倍》。

- **外貌年轻**：如何看起来比同龄人更显年轻。
  例子：《45岁像35岁？坚持这3个习惯，皱纹少一半》。

**3. 爽点**（即时满足）：

- **快速解决问题**：一招见效的育儿妙招、省钱技巧。
  例子：《孩子写作业拖拉？1个表格让他效率翻倍》。

- **情感共鸣**：真实故事引发共情，比如"全职妈妈逆袭"。

### 二、次要群体：26-35岁年轻人（占比19.45%）

**1. 痛点**：

- **职场内卷**：加班多、升职难、同事关系复杂。
  例子：《领导偏心怎么办？3招让你成办公室"红人"》。

- 婚恋压力：被催婚、相亲失败、恋爱矛盾。
  例子：《相亲10次总结的避坑指南，看完脱单率翻倍》。
- 消费陷阱：网红产品踩雷、月光族存不下钱。
  例子：《这5类商品千万别买！年轻人省钱必看》。

2. 痒点：
- 副业赚钱：想搞钱但找不到靠谱途径。
  例子：《上班族月赚5000+的副业，每天只需1小时》。
- 个人成长：提升颜值、情商、职场技能。
  例子：《说话总得罪人？3个公式让你秒变高情商》。

3. 爽点：
- 捷径攻略：简单粗暴的方法，比如"7天学会PS"。
  例子：《PPT做不好？这5个模板让你秒变大神》。
- 反差故事：普通人逆袭经历，激发斗志。
  例子：《月薪3000到3万，我靠这3个习惯改变人生》。

### 三、如何创造爆款文章？

1. 标题公式：
- 痛点+数字+结果：
  《婆媳吵架10年，我用1句话让婆婆主动道歉》。
- 痒点+悬念：
  《不节食不运动，她靠这个方法瘦了20斤》。
- 爽点+福利：
  《免费领！2024最新理财表格，家庭存款翻倍》。

2. 内容结构：
- 开头戳痛点：用真实场景引发共鸣。
  例："每天辅导作业到崩溃？你是不是也这样？"
- 中间给方案：分步骤、列清单、配图片。
  例："3个沟通模板，让孩子主动写作业"。
- 结尾促互动：引导留言、转发、点赞。
  例："你在育儿中遇到过什么问题？评论区告诉我！"

3. 爆款元素：
- 实用性：直接给工具（如表格、模板）。
- 情感性：用故事代替说教。
- 即时性：强调"马上能用""立刻见效"。

### 四、总结

抓住中年女性的家庭、健康、省钱需求，年轻人的搞钱、变美、脱单痛点，用"真实故事+具体方法+超值福利"的模式创作文章。标题要直击痛点，内容要像朋友聊天一样接地气，最后让读者觉得"这文章就是为我写的"！

## 3.内容产出

（1）从上述内容中，选取一个爆款文章标题。

（2）让DeepSeek输出完整的公众号文章，可以附加要求，如风格要求、字数要求等。

提示词示例：请以《领导偏心怎么办？3招让你成办公室"红人"》为标题，写一篇公众号爆款文章，不少于1000字。

> 二、次要群体：26-35岁年轻人（占比19.45%）
>   1. 痛点：
>     ○ **职场内卷**：加班多、升职难、同事关系复杂。
>       例子：《领导偏心怎么办？3招让你成办公室"红人"》 ← 选取想要的文章主题
>     ○ **婚恋压力**：被催婚、相亲失败、恋爱矛盾。
>       例子：《相亲10次总结的避坑指南，看完脱单率翻倍》
>     ○ **消费陷阱**：网红产品踩雷、月光族存不下钱。
>       例子：《这5类商品千万别买！年轻人省钱必看》。

> 请以《领导偏心怎么办？3招让你成办公室"红人"》为标题，写一篇公众号爆款文章，不少于1000字

> 已深度思考（用时30秒）∧
>
> 好的，我需要根据用户提供的标题《领导偏心怎么办？3招让你成办公室"红人"》来撰写一篇不少于1000字的公众号爆款文章。首先，我需要明确文章的结构和内容方向。标题中提到了"领导偏心"和"成为办公室红人"这两个核心点，因此文章需要围绕这两个主题展开。

> **《领导偏心怎么办？3招让你成办公室"红人"》**
>
> **开头：扎心场景引发共鸣**
>
> "明明我加班最多，领导却把升职机会给了同事小王！"
> "开会时提了10个方案，领导只夸了小李的'不痛不痒'的点子……"
> "领导总让关系户负责重要项目，我累死累活却像透明人！"
>
> 你是不是也经历过这种"领导偏心"的委屈？
> 别急着骂领导"不公平"，今天教你3招，**不用拍马屁、不搞小动作**，光明正大成为办公室"红人"！
>
> ---
>
> **一、为什么领导会偏心？**
>
> 很多人以为领导偏心是因为"看脸""关系户"，其实真相更扎心：
>
> 1. **领导也是人，本能喜欢"省心"的下属**
>    ○ 你汇报时总说"遇到了困难"，同事却能说"我解决了3个问题"；
>    ○ 你总等领导安排任务，同事已经提前把方案递到桌上。

2. 领导需要"安全感"，更信任能兜底的人
- 你交的报告错别字一堆，同事连标点符号都检查三遍；
- 你说"我尽力了"，同事却说"您放心，我来处理"。

3. 领导也有KPI，只会把机会给"能扛事"的人
- 你抱怨资源不足，同事默默用最低预算完成目标；
- 你吐槽客户难搞，同事已经签下续约合同。

**总结**：偏心背后，本质是**价值不对等**。想被"偏爱"，先让自己变成领导的"刚需"！

## 二、3招逆袭：从透明人变"红人"

### 第1招：用"老板思维"打工，让领导离不开你

**普通员工**：只关心"我的任务完成了没"。
**高手**：永远多想一步——"领导下一步要什么？"

**具体操作**：

1. 开会时当"捧哏王"
   - 领导问"大家有什么建议？"别沉默！哪怕只说："我觉得张经理提到的成本问题很重要，我补充一个数据……"
   - 举例：同事小林每次开会都接住领导的话头，半年后成了领导的"御用会议记录员"。

2. 汇报时用"选择题"代替"问答题"
   - 错误示范："客户投诉了，怎么办？"
   - 正确示范："客户投诉了，我有两个方案：A方案成本低但见效慢，B方案需要预算但能快速解决，您更倾向哪种？"

3. 主动背"黑锅"（心机版）
   - 项目出了问题，第一时间说："责任在我，我马上协调解决！"
   - 注意：说完立刻给出补救计划，让领导看到你的担当。

**效果**：领导会觉得你"省心又靠谱"，重要的事自然先想到你！

### 第2招：把同事变成"助攻"，而不是对手

办公室最傻的行为：和同事抢功劳、斗心眼。真正聪明的人，都在"借力打力"。

**具体操作**：

1. 公开夸同事，给领导"暗示"
   - 例："这次项目能成功，多亏了小王通宵改设计稿！"
   - 小心机：领导会觉得你"大气有格局"，同事也会更愿意帮你。

2. 关键时刻"送人情"
   - 同事被领导骂时，递张纸巾说："我上次也犯过这种错，后来是这样解决的……"
   - 结果：同事可能成为你的"隐形盟友"，下次帮你说话。

3. 组队时"绑定"实力派
   - 主动和能力强、人缘好的同事合作，项目成了功劳共享，输了也有人分担。

**案例**：实习生小美总帮同事带咖啡、整理资料，后来竞聘转正时，全部门都给她投票！

### 第3招：学会"刷存在感"，但别招人烦

天天在领导面前晃，可能被骂"戏精"；完全不露面，又会变成小透明。怎么把握分寸？

**具体操作：**

1. **每周发一次"简洁版"周报**
   - 模板："本周完成3项任务＋1个创新点＋下周1个计划"。
   - 举例：
     "领导，本周我完成了客户数据分析（附图表），发现A产品复购率下降5%，建议下周重点跟进，您看是否可行？"

2. **朋友圈"选择性营业"**
   - 发加班照配文："连续三天赶方案，终于通过啦！"（领导看到会觉得你努力）
   - 发培训照配文："周末充电，希望下周能帮团队做得更好！"（暗示积极态度）

3. **偶尔"麻烦"领导**
   - 例："领导，您上次提到的行业报告对我启发很大，能不能再推荐两本书？"
   - 心机：让领导觉得"被需要"，同时展示你的上进心。

**效果：** 领导会觉得你"认真又有想法"，升职加薪时自然优先考虑你！

---

### 三、真实案例：从边缘人到部门红人

**背景：** 90后女生阿琳，入职2年一直没存在感，领导甚至记不住她的名字。

**逆袭操作：**

1. **用"周报"刷存在感**：每周五下班前发3行字总结，坚持3个月后，领导主动问她："你这个月的数据分析做得不错，有没有兴趣负责新项目？"
2. **关键时刻"补位"**：同事搞砸客户提案时，她连夜做出备用方案，第二天说：**"我试着补充了一些内容，您看着能不能用？"**
3. **绑定领导需求**：发现领导总为会议纪要头疼，她自学AI工具，把3小时的工作缩到30分钟，从此成为"会议救星"。

**结果：** 一年后升职主管，领导公开说："我就喜欢阿琳这种'能扛事'的人！"

### 结尾：你的职场运气，藏在"价值感"里

领导偏心不可怕，可怕的是你只会抱怨"不公平"。
记住：职场没有"怀才不遇"，只有"价值不足"。

**今日行动：**

1. 写下最近一次领导表扬同事的原因，对比自己差在哪里；
2. 从明天起，每周主动向领导汇报一次进展（哪怕只是3句话）。

**留言互动：**
"你遇到过领导偏心吗？用了什么方法解决？评论区聊聊，点赞最高的送《职场高情商话术手册》！"

---

**爆款核心：**

- **痛点精准：** 打中职场人"被忽视"的委屈；
- **方法具体：** 3招附带话术和案例，直接抄作业；
- **情绪价值：** 用逆袭故事让读者觉得"我也可以"！

**4.多次调整**

如果对输出的文章不满意，可以多次输入提示词进行调整，比如"篇幅太长了，简短点""需要增加一些数据或案例"等，最终生产出一篇优质文章。

## 2.4.4 写小红书

### ★ 走出做小红书的误区

在小红书月活突破3亿的当下，如何高效获取流量？

核心用户洞察：平台3亿月活用户中，年轻用户占据主导地位（"95后"占50%，"00后"占35%），超半数集中在一、二线城市。

● **数据显示**

90%内容由8000万以上用户自主创作（UGC）　　69.8%用户通过平台获取消费决策信息

32.1%用户将其作为生活搜索工具　　44.5%用户用于知识技能学习

### ✘ 常见认知误区及分析

日更限制论：认为单日只能发布1条内容　　跨平台复制：忽略小红书独特社区氛围

盲目追热点：忽视内容垂直度　　无账号定位：内容杂乱无主题

过度包装：商业海报式封面降低了点击率　　企业号无效论：错失官方流量扶持

## ☑ 科学运营策略

精准定位：打造差异化内容标签

高频更新：保持算法活跃度（建议日更两三条）

场景化表达：构建"真实使用体验"分享感

智能工具：运用DeepSeek实现选题/文案/数据全链路优化

### ★ 用AI高效写爆款笔记

对于做小红书而言，DeepSeek = 选题规划+吸睛标题+内容产出

**1. 选题规划**：打开DeepSeek，打开"深度思考"+"联网搜索"功能。

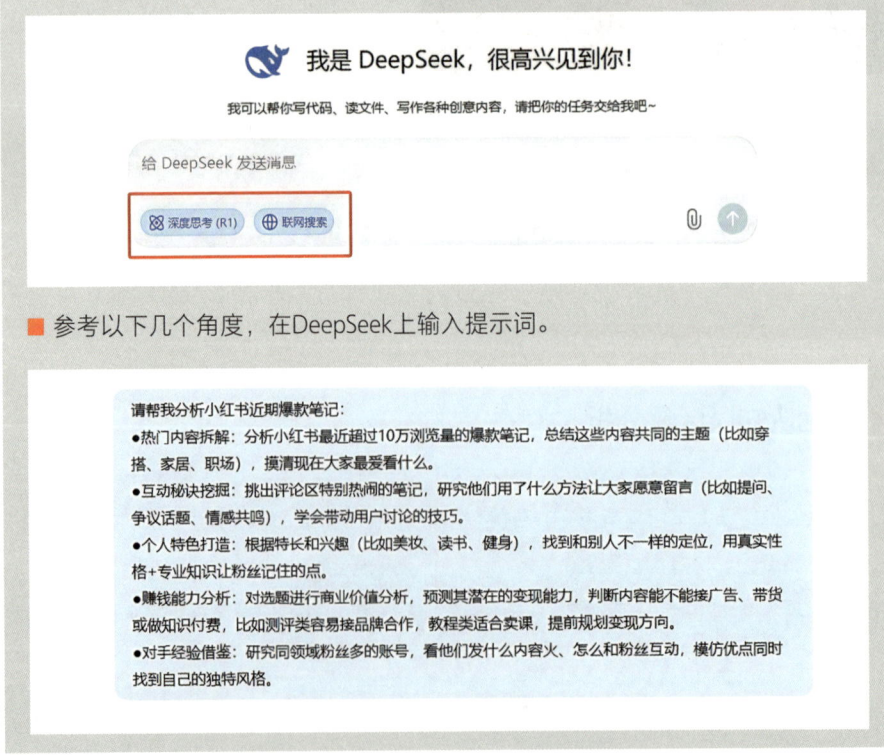

■ 参考以下几个角度，在DeepSeek上输入提示词。

请帮我分析小红书近期爆款笔记：
- 热门内容拆解：分析小红书最近超过10万浏览量的爆款笔记，总结这些内容共同的主题（比如穿搭、家居、职场），摸清现在大家最爱看什么。
- 互动秘诀挖掘：挑出评论区特别热闹的笔记，研究他们用了什么方法让大家愿意留言（比如提问、争议话题、情感共鸣），学会带动用户讨论的技巧。
- 个人特色打造：根据特长和兴趣（比如美妆、读书、健身），找到和别人不一样的定位，用真实性格+专业知识让粉丝记住的点。
- 赚钱能力分析：对选题进行商业价值分析，预测其潜在的变现能力，判断内容能不能接广告、带货或做知识付费，比如测评类容易接品牌合作，教程类适合卖课，提前规划变现方向。
- 对手经验借鉴：研究同领域粉丝多的账号，看他们发什么内容火、怎么和粉丝互动，模仿优点同时找到自己的独特风格。

## ■ 生成选题规划。

**小红书近期爆款笔记深度分析**

### 一、热门内容拆解：用户偏好与主题趋势

近期小红书爆款笔记（浏览量超10万）的共性主题可归纳为以下几类：

1. **实用干货型**
   - **学科资料与备考技巧**：如"高考数学解题模板""医学考研复习规划"，结合图文、PPT、视频等形式，内容结构清晰，强调可操作性 ④ ⑧ 。
   - **变美与生活技巧**：例如"一周祛痘印攻略""低成本打造ins风家居"，通过前后对比图或步骤拆解增强说服力 ⑤ ⑩ 。

2. **情感共鸣型**
   - 个人成长故事（如"从月薪5k到副业3w""30岁裸辞创业"），通过真实经历引发用户代入感 ⑤ ⑫ 。
   - 争议性话题（如"职场PUA应对""婚姻中的女性困境"），激发评论区讨论 ⑫ 。

3. **热点结合型**
   - 结合节日、考试季等时间节点（如"春节送礼清单""考研冲刺周计划"）④ ⑬ 。
   - 蹭社会热点（如"AI工具测评""碳中和生活方式"）⑦ ⑪ 。

**用户偏好总结**：内容需满足实用价值+情感共鸣，形式需视觉化（图文/视频混排），标题需直击痛点或制造悬念（如"10秒判断肤质""月瘦5斤的懒人食谱"）① ⑧ ⑩ 。

### 二、互动秘诀挖掘：如何让评论区"活"起来

高互动笔记的评论区运营策略包括：

1. **提问式引导**
   - 结尾抛出开放式问题（如"你用过哪些踩雷产品？""备考时最难的是什么？"），激发用户分享欲 ⑤ ⑬ 。

2. **争议性话题设计**
   - 如"平价替代vs大牌""全职妈妈是否浪费学历"，通过立场对立引发讨论 ⑫ 。

3. **情感共鸣触发**
   - 分享个人失败经历（如"面试被拒10次后，我悟了"），评论区常形成互助氛围 ⑤ ⑫ 。

4. **实用价值延伸**
   - 在干货笔记中预留"隐藏技巧"（如"评论区抽3人送复习资料"），促使用户主动留言 ④ ⑧ 。

5. **及时回复与沉淀**
   - 高频回复评论并精选优质留言，形成良性互动循环 ⑬ 。

### 三、个人特色打造：差异化定位策略

根据特长领域，建议从以下角度塑造个人IP：

1. **细分领域切入**
   - 美妆：聚焦"敏感肌专属教程"或"黄黑皮穿搭"；健身：专攻"产后修复"或"办公室拉伸" ⑧ ⑫ 。

2. **真实人设强化**
   - 用个人故事增强可信度（如"985学姐的考研作息表""油痘肌博主自救记录"）⑤ ⑩ 。

### 3. 内容形式创新

- 知识类：用"思维导图+口语化解读"替代纯文字 [4]；
- 生活方式类：结合vlog展示过程（如"独居女孩的一日三餐"）[11]。

## 四、赚钱能力分析：变现潜力评估

不同内容类型的商业化路径：

1. **测评类**（如美妆/家电测评）
   - 变现方式：品牌合作（单篇广告报价约粉丝数×0.1-0.3元）、带货分佣 [1] [10]
2. **教程类**（如备考/技能教学）
   - 变现方式：知识付费（专栏/训练营）、社群会员 [4] [13]。
3. **生活方式类**（如家居/旅行）
   - 变现方式：品牌植入、线下活动邀约 [8] [11]。
   **关键指标**：粉丝粘性（互动率>5%）、内容垂直度（标签精准度）、商业标签植入自然度（避免硬广）[1] [8]。

## 五、对手经验借鉴：头部账号运营策略

1. **选题拆解**
   - 分析同领域TOP账号的爆款笔记，提炼高频关键词（如"懒人""平价""逆袭"）[12]。
2. **形式优化**
   - 模仿热门封面风格（如"大字报标题+对比图"），但加入个人元素（如手写字体/专属IP形象）[11] [13]。
3. **互动技巧**
   - 参考头部账号的评论区运营（如固定时间直播答疑、定期发起打卡活动）[7] [13]。
4. **差异化突围**
   - 在同类内容中增加稀缺性（如"法学硕士的跨考经验"vs普通备考攻略）[4] [8]。

### 总结与行动建议

- **内容优化**：结合实用性与情感价值，强化视觉呈现（封面/排版）[1] [10]。
- **互动设计**：主动引导讨论，善用热点与争议话题 [5] [12]。
- **变现规划**：根据内容类型提前布局合作资源（如入驻小红书蒲公英平台）[1] [13]。
- **工具辅助**：使用AI工具（如简单AI）生成创意素材，提升生产效率 [11] [13]。

通过以上策略，可实现从流量获取到商业变现的闭环，建议定期复盘数据（播放量、互动率、转化率），动态调整内容方向 [1] [8]。

■ 点击生成的内容中的数字（红框中的部分），可以查看更多联网信息来源，为选题规划提供更多参考。

> 参考头部账号的评论区运营（如固
> 
> 4. 差异化突围
>    - 在同类内容中增加稀缺性（如"法学
> 
> ---
> 
> 总结与行动建议
> 
> - **内容优化**：结合实用性与情感价值，强化视觉呈现（封面/排版） 1 10 。
> - **互动设计**：主动引导讨论，善用热点与争议话题 5 12 。
> - **变现规划**：根据内容类型提前布局合作资源（如入驻小红书蒲公英平台） 1 13 。
> - **工具辅助**：使用AI工具（如简单AI）生成创意素材，提升生产效率 11 13 。
> 
> 通过以上策略，可实现从流量获取到商业变现的闭环，建议定期复盘数据（播放量、互动率、转化率），动态调整内容方向 1 8 。

**2. 吸睛标题**：从以上生成的选题中，选择一个合适的，让DeepSeek围绕这个选题，输出笔记标题（如果对标题不满意，可以输入你的修改意见，优化生成结果）。

■ 示例

> "变美与生活技巧：例如'一周祛痘印攻略''低成本打造ins风家居'，通过前后对比或步骤拆解增强说服力"
> 围绕以上选题方向，给我提供10个爆款小红书笔记标题
> 
> **变美技巧类（祛痘印/护肤）**
> 
> 1. 🔥痘印党必看！28天低成本攻略，红黑印全消失｜附凝胶实测对比图
>    （参考低成本祛痘印方法及产品推荐，强调周期+效果对比） 5 6
> 2. 痘印橡皮擦！壬二酸点涂法，7天见效｜油痘肌亲测无广
>    （突出壬二酸成分的权威性和效果，吸引精准受众） 3 6
> 3. 手残党急救！5毛钱维生素E用法，痘印淡了80%｜附按摩手法
>    （低成本+简易操作，利用天然成分吸引关注） 7 8
> 4. 医学生私藏！光子嫩肤平替法，宅家淡化痘印｜附护肤流程表
>    （蹭医美热点，提供居家解决方案） 2 3
> 5. 戒掉挤痘！3步防痘印指南｜红肿痘急救+后期修复全攻略
>    （痛点切入，强调预防与修复结合） 2 7

### 生活技巧类（家居/收纳）

6. 百元改造ins风卧室！拼多多好物清单+布置技巧｜附前后对比
   （突出平价渠道和视觉冲击力，吸引租房党）
7. 旧衣架别扔！5种DIY神操作，秒变ins收纳神器｜0成本教程
   （利用旧物改造，强调创意与实用性）
8. 绿植杀手逆袭！10种懒人水培清单，客厅秒变北欧风｜附养护表
   （解决养植物痛点，提供易操作方案）
9. 出租屋秒变网红家！旧家具DIY攻略，0成本翻新｜附配色方案
   （针对租房群体，强调低成本改造）
10. 极简主义控必藏！1㎡角落改造法，打造治愈书桌｜好物链接
    （细分场景，吸引追求生活品质的用户）

### 标题设计技巧总结

1. **痛点+解决方案**：直击用户需求（如"痘印""租房改造"），搭配具体方法增强可信度。
2. **数字量化**：用"28天""5毛钱"等数据提升专业感，降低决策成本。
3. **对比效果**：通过"前后对比图""红黑印全消失"等关键词制造视觉联想。
4. **场景化标签**：如"油痘肌""出租屋"，精准吸引目标人群。
5. **情绪调动**：使用"🔥""必看""逆袭"等词汇激发点击欲。

建议结合自身内容方向选择标题模板，并搭配高清对比图/步骤流程图发布，进一步提升互动率！

**3. 内容产出**：从以上笔记标题中优选出一个，生成最终笔记。

> 出租屋秒变网红家！旧家具DIY攻略，0成本翻新｜附配色方案
> 用以上标题，针对租房群体，强调低成本改造，输入一篇完整的小红书爆款笔记

✨出租屋秒变网红家！0元爆改旧家具攻略+神仙配色，手残党也能逆袭！🏠

刷到就是赚到！毕业3年搬了5次家的租房党含泪总结——不用刷墙/不打钉/不花钱的爆改攻略，手把手教你用旧家具打造ins风小屋！（文末附万能配色公式）

🔨【旧家具逆天改命计划】

⚠️重点：万物皆可"布"贴+旧物叠buff！

① 丑柜子重生术
📎材料：废旧床单/窗帘布+双面胶
把布料裁剪成柜门尺寸，用双面胶贴出波浪褶皱边，秒变法式复古风！（比刷漆省力100倍）

> ② 木桌变奶油甜品台
> 🔨 材料：过期的身体乳+咖啡渣
> 1:1混合后厚涂桌面，打磨后立刻拥有做旧感！亲测比某宝200+的复古桌还绝（记得带手套操作）
>
> ③ 铁艺床架去年代感
> 🔨 材料：垃圾堆捡的麻绳
> 螺旋缠绕床架+系流苏，搭配串灯瞬间田园风拉满（缠4cm宽效果最佳）
>
> 🎨【全网跪求的万能配色方案】
>
> 🎨 记住这个公式=70%背景色+25%主题色+5%点缀色
> ✅ 奶油杏子酱：米白墙纸+焦糖色盖毯+青铜色花瓶
> ✅ 薄荷苏打系：浅灰床品+抹绿窗帘+明黄抱枕
> ✅ 低保真原木：藤编收纳+亚麻桌布+深咖装饰画
>
> （💡进阶技巧：把手机调成黑白模式，家具明暗度协调才算成功！）
>
> 💡【50元内软装王炸组合】
>
> • 氛围组：pxx搜"瑕疵陶瓷花瓶"（3元/个）+小区剪的南天竹
> • 光影魔法：闲置台灯套蕾丝袜=温柔滤镜
> • 遮丑大法：用外卖袋折的收纳盒，贴上旧杂志内页
>
> 血泪经验TIPS
>
> ① 和房东签"改造协议"：拍照留证承诺恢复原状
> ② 慎用丙烯颜料！残留味道可能被扣押金
> ③ 改造前用"色采"APP模拟效果（超准！）
>
> 改造完记得@我交作业呀！下期教你们用奶茶杯做落日灯～🥤
>
> #租房大改造 #旧物改造 #家居配色 #出租屋好物 #抠门美学
> @家居薯 @生活薯
>
> （附对比图：改造前vs改造后的9宫格，重点展示布料贴柜子/麻绳床架/咖啡渣做旧桌细节）
>
> ✨ 房子是租的，但生活不是！点赞收藏的宝子这个月必遇神仙房东！🏠

## 2.4.5 写报告材料

### ★ 需求分析与搭建框架

**1.输入关键信息**

需要给DeepSeek提供以下基本信息。

**使用场景：** 具体开什么会？（如季度总结会、项目动员会）
**核心内容：** 主要讲什么？（如布置任务、总结问题）

**目标对象：** 听众是谁？（如基层员工、合作单位、上级领导）
**领导习惯：** 喜欢怎么讲话？（爱用数据说话/喜欢举例子/擅长互动）

> ● **参考例子**
>
> 　　帮忙写个科技园区建设会的讲话稿，听众是管委会和入驻企业老板。领导喜欢先讲理论再讲实际，需要包含现状分析、外地成功案例对比、三年行动计划，按照"找问题—提办法—保落实"的结构来写。

### 2.生成基础框架

系统会自动生成包含三大部分的框架：

**开头（问好+会议目的）**

**主体（当前情况+重点任务+具体做法）**

**结尾（明确责任+时间要求）**

如有特殊需要，可以添加表彰环节或问答环节。

## ★ 分段写作与内容填充

### 1.开头注意四个要点

① 符合最新政策要求

② 结合当地特色（比如，山区县可以强调生态资源）

③ 回应上级最新指示

④ 照顾所有听众（比如，同时提到乡镇干部和企业代表）

### 2.主体部分

**数字处理：** 把枯燥数据变得生动（例如，"招商进度比去年快了一个月"）。

**政策解释：** 翻译成听得懂的话（比如，将"'放管服'改革"改成"简化审批手续"）。

**问题分析：** 收到材料后整理成三栏表格（问题现象/产生原因/解决办法）。

**结尾设计：** 结合行业趋势和单位特点（比如，物流公司可以讲智慧物流发展）。

**具体措施：** 要配上真实例子（比如，"建立督办小组，像去年处理防汛那样每周检查进度"）。

## ★ 调整说话风格

### 1.按领导习惯改

理论型领导：多引用政策和专家观点。

实干型领导：多用数字和进度表。

亲和型领导：加些"大家辛苦了"这类暖心话。

### 2.口语化三个技巧

把长句子拆短。

少用"被"字句（比如，不说"问题被解决"，而说"我们解决了问题"）。

专业术语要解释（比如，"区块链技术"后面跟一句"就是数据防伪的新方法"）。

---

## ★ 检查与修改

### 1.逻辑检查

重点看：前后数据是否一致（比如，前面说完成80%，后面不能变成70%）；问题和解决办法要对应（比如，缺人手的问题对应招聘计划）。

### 2.精简内容

删掉三类内容：重复的话、铺垫太长的部分、模糊表述（比如，把"尽快解决"改成"7月底前完成"）。

### 3.校对

用检查工具看三点：专业术语用得对不对、数字准不准、引用文件有没有写清楚出处。

---

● **重要提醒**

配合使用：AI写完后要让不同人把关（业务部门看内容、办公室调整格式、领导定方向）

分步修改：定框架→加例子→打磨金句

注意安全：重要数据要打码，引用政策要标明出自哪年哪号文件

合理使用：AI内容不超过六成，关键部分（如人事任命、数据结论）必须人工确认

## 2.4.6 智能代读

以下是利用DeepSeek高效拆解一本书的教程，每天只需几分钟，帮你智能读书，吃透书籍核心！

### ★ 建立阅读地图

#### 1.上传书籍信息

把书名、目录页、前言、结语拍照/截图给DeepSeek，并说明需求。

指令示例："请用表格整理《刻意练习》全书框架，包括三级目录（章→节→核心观点），用'理论+生活案例'的形式呈现。"

#### 2.生成思维导图

要求输出可视化结构。

指令示例："把《认知觉醒》拆解成'问题场景—认知原理—行动方法'三列对照表，每部分用！标记重点章节。"

### ★ 精准抓取核心

#### 1.关键问题挖掘

让AI模拟读者提问，定位重点内容。

指令示例："假设我是职场新人，请列出《高效能人士的七个习惯》中最需要优先掌握的3个习惯，并说明如何在加班多的情况下实践。"

#### 2.核心内容提取

用"三线法"浓缩章节：主线观点（1句话）、辅助案例（1个典型例子）、行动线索（1个可操作步骤）

指令示例："用三线法拆解《非暴力沟通》第四章，举的例子是基层员工能理解的场景。"

## ★ 构建知识网格

### 1.关联现实场景

理论要联系具体情境。

指令示例："把《金字塔原理》中的SCQA模型，转化成向领导汇报工作进度的话术模板。"

### 2.制定行动清单

生成可直接执行的计划。

指令示例："根据《掌控习惯》中的内容，给我设计一个21天习惯养成表，包含每日微行动（适用于经常加班的人）。"

## ★ 强化记忆与应用

### 1.问答自测

生成记忆闪卡。

指令示例："用《思考，快与慢》中的关键概念出10道判断题，正确答案后跟1个常见误解案例。"

### 2.场景模拟

让AI模拟实战演练。

指令示例："假设我要用《影响力》中的互惠原则谈合作，请生成客户可能提出的3种拒绝话术及应对方案。"

## ★ 强化记忆与应用

### 1.通勤听书版

指令示例："把《原则》第二章转化成5个坐地铁时能听完的音频脚本，每个片段3分钟，用讲故事的方式讲原则应用。"

### 2.读书笔记模板

指令示例："生成《穷查理宝典》读书笔记模板，包含颠覆认知的观点（红色标记）、本周可尝试的方法（绿色标记）、存疑待查内容（黄色标记）。"

**3.主题式阅读**

指令示例:"我正在读《卓有成效的管理者》,请关联《这就是OKR》中的目标管理章节,对比两种方法的适用场景。"

> ● **注意事项**
>
> 1.精准投喂:遇到复杂图表,单独拍照上传并标注"请解释这张增长曲线图与第三章结论的关系。"
>
> 2.及时纠偏:发现AI理解错误时,用修正指令:"刚才关于双轨分析法的解释有误,原著第58页说的是……请重新整理。"
>
> 3.输出管控:要求分段输出,避免信息过载:"每次只解析一个章节,用微信对话的形式呈现。"

## 2.5 知识补给站:国内其他4大语言类AI运用大盘点

**1.豆包** 专注于短视频的AI助手,依托抖音的海量数据,特别擅长生成热门视频脚本、智能剪辑建议。适合需要快速产出吸睛内容的创作者,但对复杂文本处理能力较弱。

| 对比维度 | 具体说明 |
| --- | --- |
| 核心优势 | ① 15秒生成抖音爆款脚本<br>② 内置1000多个热门BGM与运镜模板<br>③ 支持16国语言实时翻译 |
| 主要劣势 | ① 长文案容易重复套路<br>② 专业领域错误率较高(如法律文案) |
| 适用场景 | 短视频创作/跨境直播/热点跟拍 |
| 推荐用户 | 网红达人/跨境电商运营/新媒体小编 |

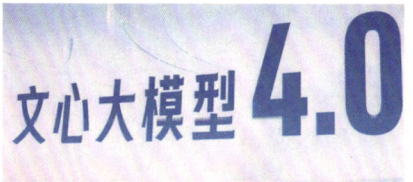

**2.文心一言** 擅长写营销文案、解读政策文件,还能用方言互动。适合企业做宣传物料或政务科普,但英文内容生成水平一般,复杂逻辑容易出错。

| 对比维度 | 具体说明 |
| --- | --- |
| 核心优势 | ①自动生成朋友圈爆款文案<br>②方言识别准确率超90%<br>③直接调用百度百科数据库 |
| 主要劣势 | ①英文生成质量不如中文<br>②专业建议需人工复核(如医疗建议) |
| 适用场景 | 营销文案/政策解读/传统文化科普 |
| 推荐用户 | 市场策划/基层公务员/实体店商家 |

**3.KIMI** 专注长文本处理的AI工具,能一口气分析200万字的行业报告或法律文件,适合需要深度研究资料的学生和专业人士。虽然解析专业内容能力强,但生成的内容可能过于严肃,且高峰期响应速度较慢。

| 对比维度 | 具体说明 |
| --- | --- |
| 核心优势 | ①法律合同自动查漏补缺<br>②财报数据可视化解读<br>③论文核心观点提炼 |
| 主要劣势 | ①生成内容缺乏趣味性<br>②晚上8—10点响应延迟明显 |
| 适用场景 | 学术研究/投资分析/合同审查 |
| 推荐用户 | 法务人员/金融从业者/研究生 |

**4. 讯飞星火** 主打语音交互的AI助手，能听懂方言，特别适合语言学习和课堂教学。虽然对话流畅，但生成的图片和长文章质量普通，更适用于简单任务处理。

| 对比维度 | 具体说明 |
| --- | --- |
| 核心优势 | ① 支持23种方言实时翻译<br>② 英语口语评分系统<br>③ 课堂课件自动生成 |
| 主要劣势 | ① 生成图片清晰度一般<br>② 复杂问题需多次追问 |
| 适用场景 | 外语学习/智能家电控制/在线教学 |
| 推荐用户 | 外语考生/学校教师/智能家居用户 |

## 总结

在当今快节奏的时代，"AI+文案"高效写作已成为人们的普遍选择。它不仅能够帮助创作者大幅提升效率、降低成本，还能将稍纵即逝的灵感迅速转化为高质量的成品稿件。无论是短视频脚本、营销文案，还是品牌故事，AI工具都能通过智能分析和优化，让内容更具吸引力和传播力。这种高效创作方式，不仅节省了创作者的时间和精力，更能让创作者专注于核心创意，从而收获更多的商业价值和个人成长机会。"AI+文案"写作，正在重新定义内容创作的方式。

# 第三章

## DeepSeek+豆包

### AI一键出图，1个普通人=10个设计师

不需要专业设计技能，AI工具让你轻松玩转视觉创作！不管是海报设计、图片精修，还是Logo制作，AI都能快速生成高质量作品。AI可将设计效率提升10倍以上，原本需要3小时才能完成的工作，现在只需几分钟就能完成。智能修图、自动排版、风格转换等功能，让创意落地更高效。

无论是设计师还是小白，都能借助AI工具快速实现想法，节省时间成本，专注创意表达，让视觉生产力实现质的飞跃！

## 3.1 案例1　游戏公司用AI批量生产广告素材，游戏下载量增长180%

● **案例背景**

一家专注于休闲游戏开发的中型公司，面临广告素材需求量大、设计周期长（传统流程需5—7天/套）创意同质化严重等问题。为提升投放效率，公司引入Playturbo的"链接生图"功能，结合AI生图与文案优化，快速生成多风格广告素材。

☑ **取得的结果**

☺ 单套素材生成时间从7天缩短至2小时，创意迭代速度提升10倍；

☺ 广告点击率（CTR）从1.2%跃升至4.5%，游戏下载量增长180%；

☺ 半年内广告投放成本降低35%，ROI（投资回报率）提高至1∶8.7。

⚛ **具体做法**

**链接智能解析**：输入游戏应用商店链接，AI自动提取图标、截图、关键词（如"休闲""解压"）。

**风格矩阵生成**：基于"像素风""3D卡通"等参考图，批量生成10组素材，包含不同Slogan（如"碎片时间轻松玩"VS"治愈你的小焦虑"），满足多样化需求。

**文案与视觉联动**：AI同步生成适配图片的短文案（如"点这里，治愈你的周一综合征！"），强化用户行为引导。

**数据驱动优化**：通过A/B测试筛选高点击率素材，反哺AI模型优化生成逻辑，用AI生成100组素材，仅投放前20%高分组合，降低测试成本。

## 方法论总结

游戏广告AI生图流程

**输入链接 → AI解析元素 → 风格矩阵生成 → 文案匹配 → A/B测试 → 数据反哺优化**

## 3.2 案例2　社区面包店AI视觉营销升级,闯入本地美食榜Top10

● 案例背景

杭州一社区面包店主打手工烘焙，店主因缺乏设计能力，线上宣传仅用手机拍摄产品图，导致朋友圈转化率不足3%。2024年11月，店主使用简单AI的"文生图+AI文案"功能，重构视觉营销体系。

## ✅ 取得的结果

☺ 朋友圈图文点击率从12%提升至45%,线上订单占比从15%增至52%;

☺ 3个月内新增会员800人,客单价从38元提高至65元(搭配AI生成的套餐图);

☺ 小红书笔记爆款率(点赞>1000)达30%,进入本地美食榜Top10。

## ⚛ 具体做法

**场景化关键词输入**:输入"法棍+阳光早餐""可颂+下午茶",生成早餐桌布景、咖啡馆风格图片。

**卖点可视化**:用AI将"零添加"文案转化为对比图(工厂流水线VS手工揉面过程)。

**套餐组合设计**:输入"58元套餐:咖啡+可颂+沙拉",AI生成分层视觉图(产品实物+价格标签+氛围元素)。

**节日热点借势**:圣诞节输入"麋鹿+红绿配色",生成限定包装图,配合文案"咬一口圣诞"增加节日订单量。

## 📋 方法论总结

**卖点视觉化公式**

产品特性(如手工)→对比图/过程图(如揉面特写)

**场景捆绑法**

产品(面包)+使用场景(早餐/下午茶)+情绪关键词(温暖/治愈)。

**价格锚点设计**

在AI生成的图片中植入价格标签(如"原价25元→套餐价18元"),刺激冲动消费。

**热点快速响应**

节日/天气（如雨天）→ 生成主题素材（如"雨天和热可可更配哦"）。

**低成本素材库**

建立"产品单图""套餐图""场景图"三类模板库，按需调用。

**个体门店AI生图增效模型**

产品卖点 → 场景关键词输入 → AI生成多风格图 → 植入促销信息 → 多平台分发

## 3.3 案例3  自媒体博主AI视觉内容变现，首月销售额突破15万元

● **案例背景**

　　一名上海自由职业者在抖音、小红书上运营美妆测评账号。初期仅用手机拍摄产品实拍图，因画面单调、缺乏创意，粉丝增长停滞在1.2万，广告合作报价仅500元/条。后来，她使用AI生成虚拟场景图，实现"产品+场景"融合，转型为"虚实结合"的美妆视觉博主。

## ✅ 取得的结果

☺ **流量爆发**：单条AI生成的眼影盘场景图笔记获赞12万次，粉丝量3个月突破25万；

☺ **商业价值跃升**：广告报价提升至8000元/条，与各大品牌达成长期合作；

☺ **副业拓展**：开设AI视觉营销课，首月销售额突破15万元，学员超2000人。

## ❈ 具体做法

### 第一步：虚拟场景构建

输入"星空眼影盘+未来感梳妆台"，生成赛博朋克风格化妆场景图，突出产品科技感；使用DALL·E 3的"图像扩展"功能，将实拍口红照片无缝融入AI生成的复古剧院背景中。

### 第二步：动态视觉衍生

利用Runway的图生视频功能，为静态眼影盘图片添加动态粒子消散效果，用于短视频开场；用Stable Diffusion生成"妆容进化史"系列长图，展示从素颜到全妆的AI模拟过程。

### 第三步：数据驱动选题

监控小红书热搜词（如"多巴胺妆容"），2小时内生成对应主题的AI视觉素材库；用AI分析爆款笔记的配色规律，反向指导虚拟场景的色彩搭配（如今年流行色"数字薰衣草"占比提升30%）。

### 第四步：版权合规运营

对核心AI生成图进行版权登记（如"银河系口红矩阵图"），建立数字资产库；使用可商用AI工具（如Midjourney），规避法律风险。

## 📋 方法论总结

**虚实融合公式**

实体产品图+AI虚拟场景+动态特效 → 打造沉浸式视觉体验

**热点响应机制**

实时监控平台热搜词 → 调用预存风格模板 → 2小时极速出图

**数字资产沉淀**

建立"场景库/动态素材/版权证书"三层管理体系,提升内容复用率

**商业闭环设计**

引流内容(AI视觉笔记)→ 变现产品(课程/广告)→ 用户数据反哺内容迭代

**法律风控策略**

商用工具选择+关键素材版权登记+分层授权协议(如限制二创范围)

**自媒体AI视觉变现路径**

选题定位 → 虚实融合创作 → 多平台分发 → 数据反哺 → 版权资产化 → 商业变现

## 3.4 实操攻略:人人都能做"智创设计师"

### 3.4.1 营销海报

用AI生成营销海报的好处之一,是显著提升工作效率,并降低制作成本。传统海报设计通常需要设计师花费大量时间进行构思、排版、配色和修改,而AI工具可以在几分钟内生成多个设计方案,极大地缩短了设计周期。AI能够根据用户输入的关键词、品牌风格和目标受众,自动生成符合要求的海报,减少了人工反复修改的环节。

此外,AI工具的使用成本远低于雇用专业设计师,尤其对于中小型企业或预算

有限的团队来说，AI生成海报是一种经济高效的选择。企业可以快速响应市场变化，及时推出符合趋势的营销内容，在竞争中占据先机。

**那么，AI生成营销海报具体该怎么做呢？**

**第一步**：先明确需要设计的海报主题和核心内容，确定整体视觉风格方向，规划好背景元素布局，以及标题字体的配色方案。接着，将具体的画面需求整理成文字，由DeepSeek转换为适配图片生成AI的提示词指令。最终通过AI绘图工具，产出符合预期的海报。下面我们以制作一张亲子出游的海报为例。

**提示词示例**

需要制作一张亲子出游海报，画面包含父母与孩子放风筝、野餐互动场景，采用暖色调扁平插画风格。请根据需求输出文字描述，输出结果字数不能超过300字，不能带有特殊字符，要符合即梦AI的规范。

**第二步**：把上面的任务提示词输入DeepSeek，让DeepSeek来优化海报画面的整体文字描述，给出海报的具体设计。

 我是 DeepSeek，很高兴见到你！

我可以帮你写代码、读文件、写作各种创意内容，请把你的任务交给我吧~

需要制作一张亲子出游海报，画面包含父母与孩子放风筝、野餐互动场景，采用暖色调扁平插画风格。请根据需求输出文字描述，输出结果字数不能超过300字，不能带有特殊字符，要符合即梦AI的规范。

深度思考(R1)　联网搜索

**DeepSeek给出的整体文字描述如下。**

亲子出游海报以暖色调扁平插画风格呈现。画面中心为开阔的草地，背景点缀低矮山丘与棉花糖般的云朵。左侧父母与孩子呈三角形构图：父亲手握风筝线仰头微笑，母亲半蹲整理野餐篮，扎马尾的小女孩高举燕子造型风筝奔跑，衣角随风扬起。右侧野餐布铺展，竹篮露出三明治与草莓，橙汁玻璃瓶折射阳光，书本自然摊开在格子餐布上。上方三只风筝错落悬浮，鲸鱼风筝采用珊瑚粉撞色设计，蝴蝶风筝融入淡蓝几何花纹。整体以奶油黄为主基调，草地使用低饱和度青绿色，人物服饰选用浅橙、米白等柔和色彩。

标题文字"春日趣游记"采用圆润字体置于顶部，副标题"风筝/野餐/自然探索"以浅棕色衬于画面下方，底部标注简约活动信息条。通过扁平化色块与留白处理，营造温馨轻松的亲子互动氛围。

**第三步：**打开即梦AI进行登录。即梦AI官方地址为：https://jimeng.jianying.com/

**第四步：**登录成功之后，点击"图片生成"。

**第五步**：将DeepSeek输出的海报设计内容复制粘贴到即梦AI。

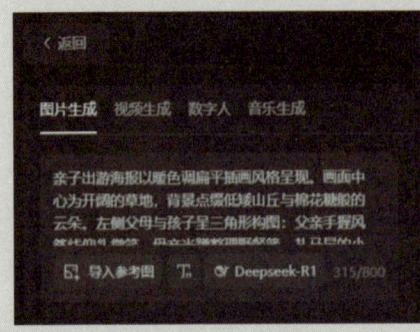

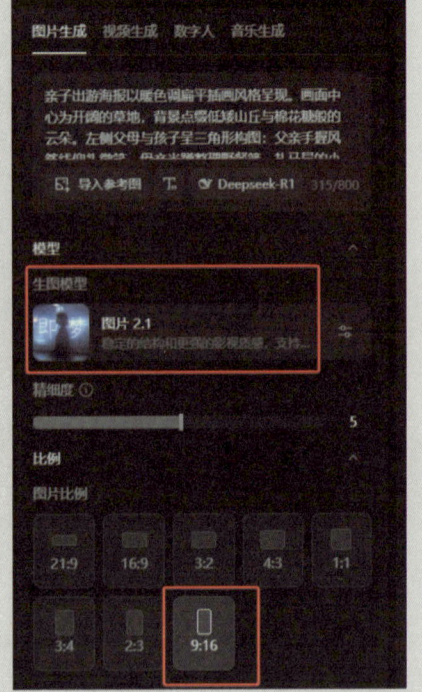

**第六步**："模型"选择"图片2.1"，"比例"选择"9∶16"手机竖屏海报尺寸（可根据实际情况进行选择）。

**第七步**：点击"立即生成"，即梦AI会一次性生成4张海报，可自由选择。

**第八步**：下载生成的海报。

**第九步**：如果下载的图片带有即梦AI的Logo水印，想去掉水印，可以点击"去画布进行编辑"。

**第十步**：点击"导出"→"下载"，即可获得海报。

注：除了用DeepSeek+即梦AI做海报外，也可以用DeepSeek+豆包等做海报。

### 3.4.2 思维导图

用AI生成思维导图的好处，主要体现在效率提升、结构优化和智能辅助三个方面。首先，AI能够快速将复杂的信息自动转化为清晰的思维导图，节省了人工整理和绘制的时间，尤其适合处理大量数据或复杂逻辑的场景。其次，AI生成的思维导图，通常具有更合理的结构和层次，能够根据内容自动调整节点关系，使信息呈现更加直观和易于理解。最后，AI还能根据用户需求提供智能建议。例如，自动补充相关概念、优化布局或推荐关键词，帮助用户更全面地梳理思路。

AI生成思维导图不仅简化了创作过程，还通过智能化和结构化的方式，帮助用户更高效地组织和表达思维，适用于学习、工作、项目管理等多种场景。

**以下是具体实操步骤。**

**第一步：安装工具**——电脑端需准备DeepSeek（AI分析工具）和XMind（思维导图软件）。

**第二步：文件上传**——打开DeepSeek，点击回形针图标，上传课件/文档（支持多文件同时上传）。特别提醒：打开"深度思考"功能。

**第三步：输入提示词**——"请完成以下任务：深度分析附件内容，提炼核心知识点，生成Markdown格式思维导图框架"。

**第四步**：等待AI生成结构化内容。

**第五步**：复制生成的Markdown内容。

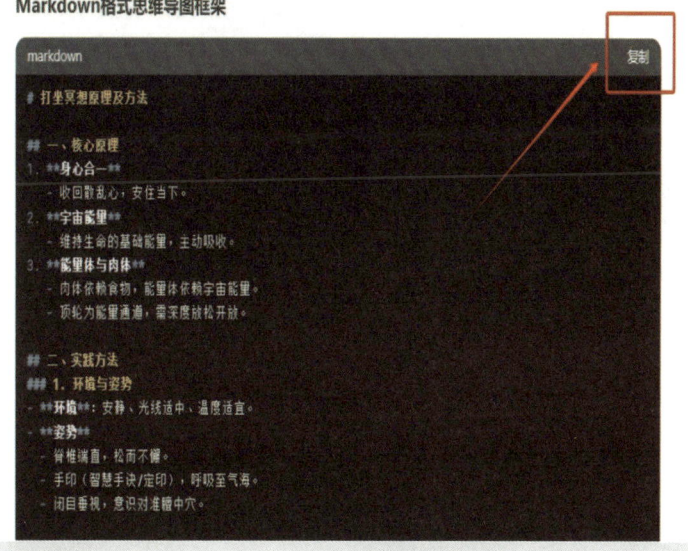

**第六步：**新建TXT文本文件，并把复制的内容粘贴到文本中。

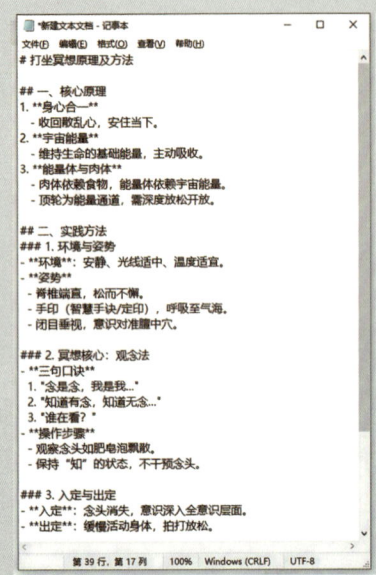

**第七步：**修改文件扩展名，把.txt改为.md（如"AI课程导图.md"）。

**第八步：**打开XMind软件，点击"新建导图"。

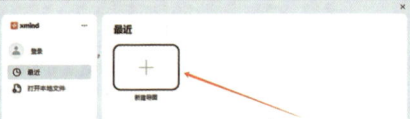

**第九步：**点击"思维导图"→"创建"。

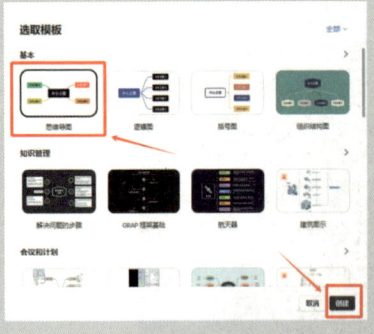

**第十步：**点击左上角的三条线图标，选择"文件—导入—Markdown"。

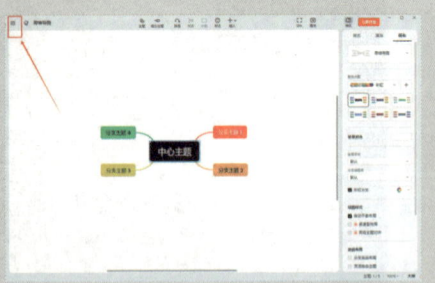

**第十一步：**选择转换好的.md文件，自动生成分级思维导图（如果不满意，可以直接修改调整）。

## 3.4.3 Logo设计

AI能够在几分钟内根据用户输入的品牌名称、行业特点和设计偏好，快速生成多个Logo方案，极大地缩短了设计周期，尤其适合需要快速推出品牌形象的企业或个人。相比雇用专业设计师的高昂费用，AI生成Logo的成本更低，甚至许多工具提供免费或低价服务，为预算有限的用户提供了经济高效的选择。

AI能够结合海量设计数据和趋势分析，生成多样化的创意方案。用户可以根据需求调整颜色、字体、图标等元素，获得更符合品牌调性的设计；还能通过智能优化，确保Logo在不同场景下的适用性。比如，在网站、名片或社交媒体上的显示效果。

那如何用DeepSeek与其他AI工具，快速设计Logo呢？

**第一步：参考提示词公式。**

**身份+客户需求+风格+主元素+质感，把你的Logo设计需求输入DeepSeek。**

示例：我是一名品牌设计师，客户要做一个Logo，名称是"麦萌宠物"，要有狗和猫的元素，简单大气，让人一看就觉得很可爱。请帮我设计一下，给我3个不同的方案描述，描述要简洁明了，符合豆包AI生图的要求。

**第二步**：等待结果生成。

> 我是一名品牌设计师，客户要做一个logo，名称是"麦萌宠物"，要有狗和猫的元素，简单大气，让人一看就觉得很可爱，请帮我设计一下，给我3个不同的方案描述，描述要简洁明了，符合豆包AI生图的要求

### 🐾 麦萌宠物 Logo 设计方案：

**方案一：简约线条风**

- **描述**：以简洁流畅的线条勾勒出一只猫和一只狗的轮廓，猫狗相互依偎，形成一个爱心形状。整体造型圆润可爱，色彩采用温暖的橘色和米色，给人温馨亲切的感觉。
- **关键词**：简约、线条、猫狗、爱心、温暖、可爱

**方案二：卡通插画风**

- **描述**：设计一对可爱的卡通猫狗形象，猫戴着蝴蝶结，狗戴着项圈，它们俏皮地互动，或玩耍、或拥抱，背景可以加入一些宠物玩具元素。色彩明亮活泼，充满童趣。
- **关键词**：卡通、插画、猫狗、互动、可爱、活泼

**方案三：字母图形化**

- **描述**：将"麦萌"二字进行图形化设计，融入猫狗的元素。例如，"麦"字可以设计成猫耳朵的形状，"萌"字可以融入狗爪印的元素。整体造型简洁大气，又不失可爱。
- **关键词**：字母、图形化、猫狗、简洁、大气、可爱

**第三步：** 选择一个你喜欢的方案并复制文案。

### 麦萌宠物 Logo 设计方案：

方案一：简约线条风

- 描述：以简洁流畅的线条勾勒出一只猫和一只狗的轮廓，猫狗相互依偎，形成一个爱心形状。整体造型圆润可爱，色彩采用温暖的橘色和米色，给人温馨亲切的感觉。
- 关键词：简约、线条、猫狗、爱心、温暖、可爱

**第四步：** 打开豆包AI（豆包AI地址：https://www.doubao.com/chat/），选择"图像生成"。

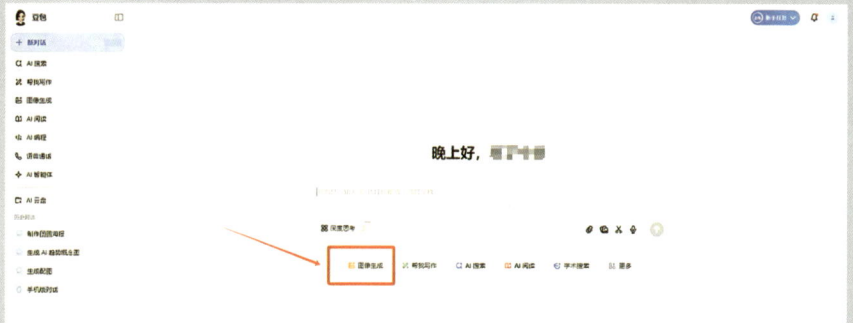

**第五步：** 把复制的文案粘贴进去。

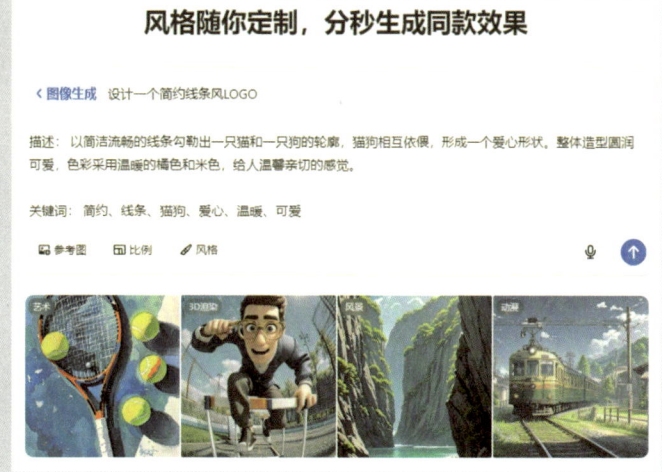

**举一反三**：账号头像、背景图、漫画、插图、场景、风景图等，都可以用不同的提示词输入 DeepSeek，再使用豆包 AI 或即梦 AI 生成想要的图。

## 3.4.4 人物动图

用 AI 生成动态图是一种高效且充满创意的体验。AI 能够将静态的图像或文字转化为生动、流畅的动态效果，赋予内容更强的视觉吸引力和表现力。AI 通过智能算法分析用户输入的元素，自动生成平滑的过渡效果、炫酷的动画效果，以及符合主题的动态设计，不需要用户具备专业的动画制作技能。

无论是用于社交媒体、广告宣传还是演示文稿，AI 生成的动态图都能快速抓住观众的注意力，同时节省用户大量时间和精力。它的灵活性和多样性，让用户可以根据需求调整速度、风格和细节，轻松实现个性化的动态视觉表达，为内容注入更多活力和创意。

**即使是普通小白，也能通过以下实操攻略，做出生动好看的人物动图！**

第三章　DeepSeek+豆包　061

**第一步：** 打开DeepSeek，输入提示词并发送，复制生成的AI提示词。

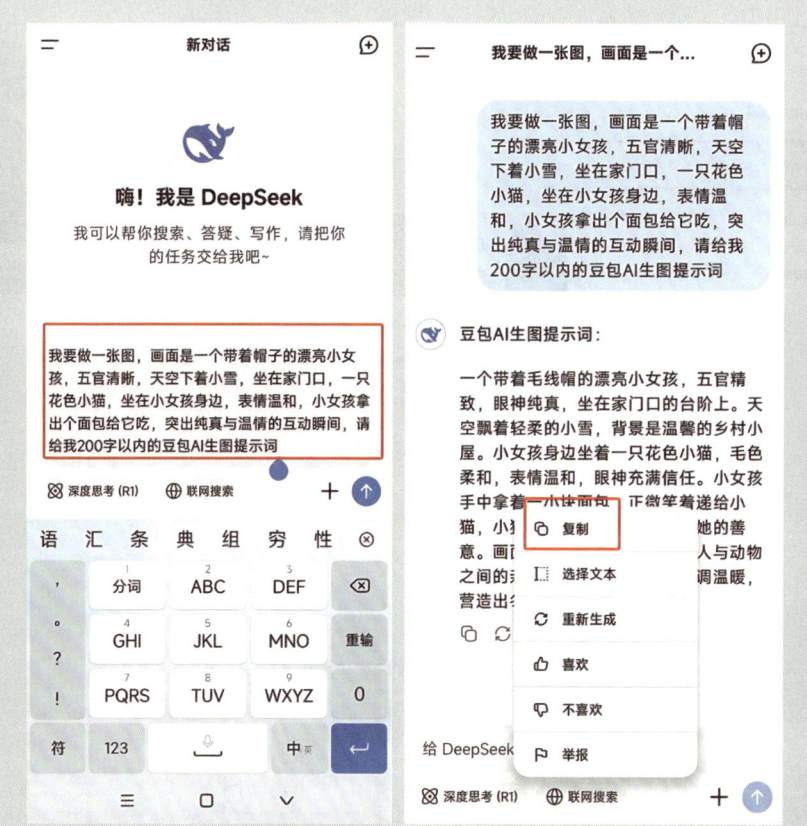

**第二步：** 手机打开豆包App，打开后选择"创作"。

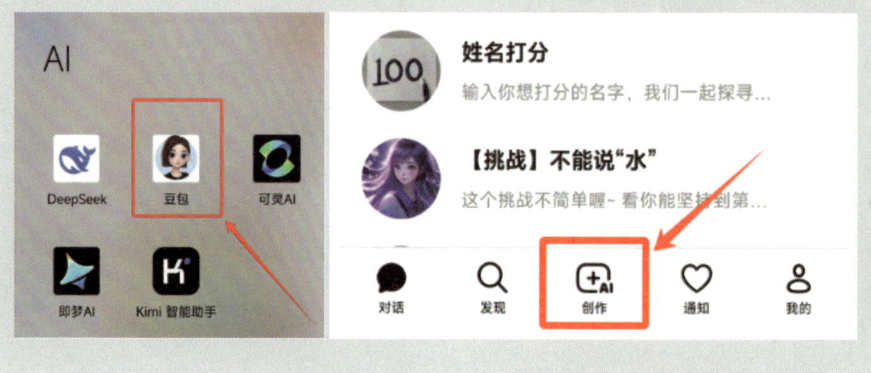

**第三步：** 点击"AI生图"，把复制的提示词粘贴到输入框里，发送，4张图片就生成出来了。选一张最好看的，保存到相册。

**第四步：** 选择"照片动起来"，上传刚保存到相册里的图片。

**第五步**：输入提示词，等待生成。生成完毕后点击视频，人物就动起来了，可以保存到手机上。

## 3.5 知识补给站：小白也能聊的AI生图科技潮

朋友圈里总能看到各种AI生成的"赛博朋克风自拍""动漫版全家福"，甚至有人用AI设计T恤图案。AI生图技术就像突然冒出来的"魔法画笔"，让普通人也能轻松创作专业级图片。今天我们就用大家都听得懂的方式，揭开AI生图的神秘面纱。

## AI生图的核心：让电脑学会"脑补"

### 原理其实像"学画画"

想象你教一个小孩画猫：先给他看1000张猫的照片，告诉他这是"猫"，然后让他自己试着画。AI生图的过程也类似这样。程序员给AI"喂"了海量图片，让它学习这些图的规律。比如，"猫有两只耳朵""天空是蓝色的"。

AI比人类强的是，它能记住所有细节——从凡·高的笔触到网红自拍的光线，甚至能组合出"穿着宇航服的柴犬在月球上蹦迪"这种离谱画面。

### 关键技术：文字变图片的"翻译官"

早期的AI生图像个"拼图大师"。比如，把猫耳朵和狗身子拼在一起。而现在的AI更像"编剧"，你输入一句话，比如"一只穿着西装的柯基在开董事会"，它就能凭空生成符合描述的图片。

这里的关键在于AI学会了"跨语言理解"。比如，你说"二次元萌妹"，它知道是日漫风、大眼睛；你说"赛博朋克"，它就自动加霓虹灯和机械元素。这背后是大量"文字—图片配对训练"的结果。

## 普通人能用AI生图做什么

### 日常娱乐：朋友圈C位出道

**玩梗必备**：给朋友生成"如果他是超级英雄"的漫画形象，或者把自家猫P成"蒙娜丽莎猫"。

**省下设计钱**：设计活动海报、生日邀请函，甚至专属微信头像。比如，在Midjourney上输入"中国风水墨画风格的老虎"，10秒出图。

**追星新姿势**：生成"某歌手在火星开演唱会"的搞笑图，或者让偶像穿越到古风场景。

### 搞钱新思路

**电商卖家**：用AI批量生成商品展示图，卖汉服的不用请模特，直接生成"唐朝少女漫步长安街"的场景即可。

**自媒体神器**：小红书博主用AI做"减肥前后对比图"，抖音创作者生成电影级封面，点击量暴涨。

**接单平台**：国外有人靠卖"AI生成的情侣艺术照"月入过万，甚至帮人设计T恤图案。

## ● 技术背后的"瓜"和争议

### 版权大战：AI是否在"偷"艺术家的风格

很多画家发现，AI生成的图和自己的作品风格雷同。这是因为AI训练时用了他们的画，但没给版权费。国外已有艺术家集体起诉AI公司，争议焦点是：学习人类风格算抄袭吗？——这个问题现在还没定论。

### 以假乱真的风险

有人用AI生成"马斯克推荐比特币"的假新闻视频，甚至伪造明星不雅照。技术越强，造假成本越低。现在各国都在立法。比如，欧盟要求AI生成的图片必须打水印，国内平台也封杀了一批"AI造谣"的账号。

### 艺术家会被取代吗

目前AI更像是"超级助手"：设计师用AI出100个方案草稿，再挑最好的加工；游戏公司用AI生成NPC（非玩家角色）的服装，省下70%时间。但真正需要创意的核心设计（如《阿凡达》的世界观）还要靠人类。AI可能会让艺术创作更"分层"：顶级的更贵，普通的更卷。

## 免费工具推荐

**国内亲民版**：百度"文心一格"（中文友好）、抖音"AI绘画"特效（一键生成漫画脸）。

**国际进阶版**：Midjourney（注册Discord就能用）、Stable Diffusion（"技术党"最爱，支持本地运行）。

**手机App**：美图秀秀"AI绘画"、醒图"AI特效"。

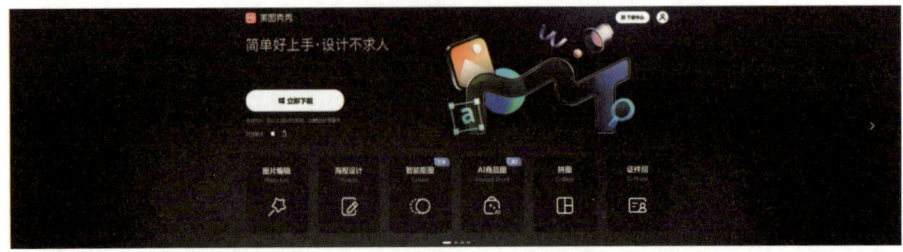

## "咒语"技巧（Prompt）

**想生成好图，就得学会给AI"念咒"。**

**加画风：** 如"宫崎骏动画风格""皮克斯3D渲染"。

**加细节：** 如"逆光""蒸汽朋克机械细节""浅景深"。

**避坑指南：** 别写太抽象的词（如"有灵魂的作品"），AI可能理解不了；多试几次，比如，"柴犬穿西装→柴犬穿黑色西装打领带→柴犬在办公室穿西装敲键盘"。

---

## 总结

**AI生图是工具，不是魔法。**

AI生图的本质是"大数据+算力"的胜利，它让视觉创作从"专业技能"变成"全民游戏"。但想用好这个工具，依然需要审美力和创意——就像人人都有手机，但能拍出好照片的永远是会构图的人。下次朋友聊起AI生图，你可以淡定地说："这技术就像让电脑有了想象力，但它画的柯基可能有六条腿，得人类来教它什么是合理。"

# 第四章

## 即梦+剪映打爆流量

超强AI组合技,轻松日更100条短视频

AI技术让短视频创作变得更简单高效,只需几张图片或一段文字,AI就能自动生成流畅视频,还能智能配乐、加特效,轻松打造吸睛内容。可节省70%的制作时间,同时提升视频完播率。

如果你是专业创作者,AI能让你提效很多倍,颠覆之前的产能;如果你是新手,也能快速上手,借助AI轻松产出高质量视频,抓住流量风口,实现内容变现。

## 4.1 案例1　南京运动服装品牌用"AI+短视频"的方式,发布效率提升900%

● **案例背景**

南京某头部运动服装品牌面临暑期销售旺季压力,需在抖音平台上快速生产500条差异化短视频,引流到私域。传统人工团队日产能不足20条,且内容同质化严重。2024年7月,该品牌引入汇智智能的AI数字员工系统,实现短视频生产全链路自动化。

☑ **取得的结果**

☺ 效率提升:短视频日产能从20条提升至200条,发布效率提升900%;

☺ 成本优化:单条视频制作成本从500元降至80元,运营成本降低84%;

☺ 转化数据:视频平均播放量提升120%,私域引流率从3%增至12%;

☺ IP效应:品牌抖音账号粉丝3个月增长50万,成为运动服饰垂类Top10账号。

❋ **具体做法**

● 第一步:AI选题矩阵构建

数字员工抓取抖音"运动穿搭"相关爆款视频1万条,拆解出3类黄金公式。
1. 痛点类:"跑步裤卡裆?这款黑科技让你放肆跑!"

2. 场景类:"健身房社恐穿搭,这件T恤让你自信爆棚。"
3. 数据类:"6·18爆卖10万件防晒衣,实测紫外线阻隔率99%。"

● **第二步:智能脚本生成**

**输入商品参数(如面料成分、版型数据),AI自动生成3秒钩子+15秒卖点+5秒促销的标准脚本结构。**

**示例脚本**

前3秒:暴雨中跑步画面+字幕"淋雨3小时,衣服竟然不贴肉?"

中间15秒:慢镜头展示速干面料吸水实验+画外音"××科技速干T恤,吸水率降低80%"

最后5秒:弹出限时优惠券+字幕"点击购物车抢199元3件"

● **第三步:自动化素材生产**

系统调用Midjourney生成产品3D展示图,用DALL·E合成运动场景背景;利用AI换脸技术,让同一模特适配不同肤色、体形,解决真人拍摄成本问题。

● **第四步:动态投放优化**

数字员工实时监测视频完播率、点赞转化率,自动追加投放ROI>2的视频;对播放量<500的视频,AI自动调整封面图,前3秒内容重新发布。

## 方法论总结

**爆款公式提炼**:通过AI拆解行业Top1000视频,提炼可复用的内容结构

**参数化脚本生成**:将产品卖点转化为标准化的脚本参数库

**虚拟人像工程**:用AI换脸+3D建模降低真人拍摄成本

**智能A/B测试**:自动进行封面/标题/前3秒的多维度测试

**流量滚雪球**:对优质内容自动追加投放预算,形成爆款矩阵

> **品牌短视频工业化生产公式**
>
> **AI选题库 → 参数化脚本 → 虚拟素材生产 → 智能投放 → 数据回流迭代**

## 4.2 案例2  创业手作饰品店启用AI，小店月销从3万增至28万

● **案例背景**

一位"90后"创业者在福建小镇经营手工银饰店，产品设计独特，但客源局限于本地。2024年10月启用搜狐简单AI工具，通过短视频打造"国风银饰设计师"，线上销量占比超50%。

☑ **取得的结果**

☺ 内容产出：单月发布短视频82条，爆款率达25%；

☺ IP打造：账号粉丝从200增至8.6万，客咨询量日均超50；

☺ 销售转化：抖音小店月销从3万增至28万，定制订单占比40%；

☺ 成本控制：视频制作时间从6小时/条压缩至40分钟/条，人力成本降低89%。

## 具体做法

### ● 第一步：人设强化

AI分析国风赛道Top账号，提炼"工匠+文化传承"关键词，设计固定开场白："我是××，一个想把故宫纹样戴在你手上的银匠。"

### ● 第二步：智能内容矩阵

**用AI生成四类内容模板。**

文化类：展示纹样设计灵感（如"敦煌飞天耳坠背后的千年故事"）

过程类：延时拍摄錾刻过程+AI生成的工匠旁白

场景类：AI合成古风场景（如汉服模特佩戴首饰游园林）

促销类：生成"限时定制优惠"倒计时动画。

### ● 第三步：自动化客户运营

**评论区设置AI自动回复话术。**

用户问"多少钱"→ 推送定制价目表+问卷"您喜欢哪种纹样？"

用户问"工期"→ 回复"普通款3天，定制款7天，点击预约免排队"。

### ● 第四步：数据驱动选品

AI分析评论区高频词，发现"婚庆""国潮"需求，推出爆款"龙凤呈祥对戒"，单月售出1200对。

## 方法论总结

**人设符号化**：提炼易传播的视觉/语言符号，强化记忆点

**内容模块化**：建立4—6种标准化内容类型，循环发布

**互动自动化**：预设20种常见问题回复模板

**选品数据化**：通过评论分析反向指导产品开发

**场景虚拟化**：用AI合成无法实拍的高质感场景

**个体户短视频变现公式**

人设符号 → 模块化内容 → 自动互动 → 数据选品 → 场景虚拟化

## 4.3 案例3 南昌UI设计师创作AI短视频,斩获大赛金奖

● **案例背景**

　　一位南昌UI设计师业余时间创作AI短视频,2024年7月参加快手可灵AI短剧大赛。该设计师以《西游记》为原型进行创作,全程使用Midjourney+可灵AI,通过差异化内容斩获大赛金奖。

☑ **取得的结果**

☺ 赛事成绩:获快手可灵AI短剧大赛一等奖,奖金5万元;

☺ 流量爆发:抖音+快手总播放量破2000万,单日最高涨粉8万;

☺ 商业变现:接到3个品牌广告植入,单条报价2万元;

☺ IP升级:成立工作室,同平台签约,成为独家创作者。

## 具体做法

### ● 第一步：题材讨巧策略

选择《西游记》IP中有争议角色"白骨精"，用AI生成暗黑美学形象，规避人脸一致性难题；设计标志性视觉符号：银色骨冠+血红瞳孔，增强辨识度。

### ● 第二步：抽卡工业化流程

**建立标准化提示词模板。**

"中国古典妖魔，苍白皮肤，银色金属头冠，红色瞳孔，阴森山洞，8K细节"。批量生成500张底图，从中筛选出50张进行局部重绘（重点修正头冠）。

### ● 第三步：低成本运镜技巧

**用可灵AI的"镜头控制参数"。**

中景：weight：1.2，强调服装细节，特写；weight：0.8，聚焦面部表情。通过调整参数值模拟专业运镜，节省实拍成本。

### ● 第四步：互动式剧情设计

在每集结尾设置选择题（如"白骨精该复仇还是放下？"），用AI统计观众投票意见，决定下集走向，提升完播率。

## 方法论总结

**IP借势策略**：选择公域IP，进行二次创作，降低认知成本

**特征锚定法**：设计一两个强辨识度视觉符号，规避AI缺陷

**参数化抽卡**：建立标准化提示词模板，提升素材可用率

**数据化运镜**：用权重参数模拟专业影视语言

**分支剧情互动**：请观众投票，提升观众参与感

> **个人创作者爆款公式**
>
> 公域IP+特征锚定 → 参数化抽卡 → 数据运镜 → 分支互动 → 商业变现

## 4.4 实操攻略:从图生视频到进阶创作全搞定

AI技术正在降低短视频制作的门槛,使全民创作成为可能。

用户只需输入创意,AI系统即可自动完成从剧本到成片的全流程创作,不需要专业技能和场地。AI通过学习优质视频,能生成匹配风格的动画、场景和特效,结合多项技术,快速将创意转化为专业短视频。

无论是个人还是企业,都能利用这个"零门槛视频工厂"实现创意自由。

### 4.4.1 图生视频基础实操

● **第一步:DeepSeek生成脚本**

比如,想让DeepSeek生成一段秋天公园落叶的美景视频,视频一共包含五个镜头。可直接把下面这段话发给它作为提示词,它会自动生成视频脚本。

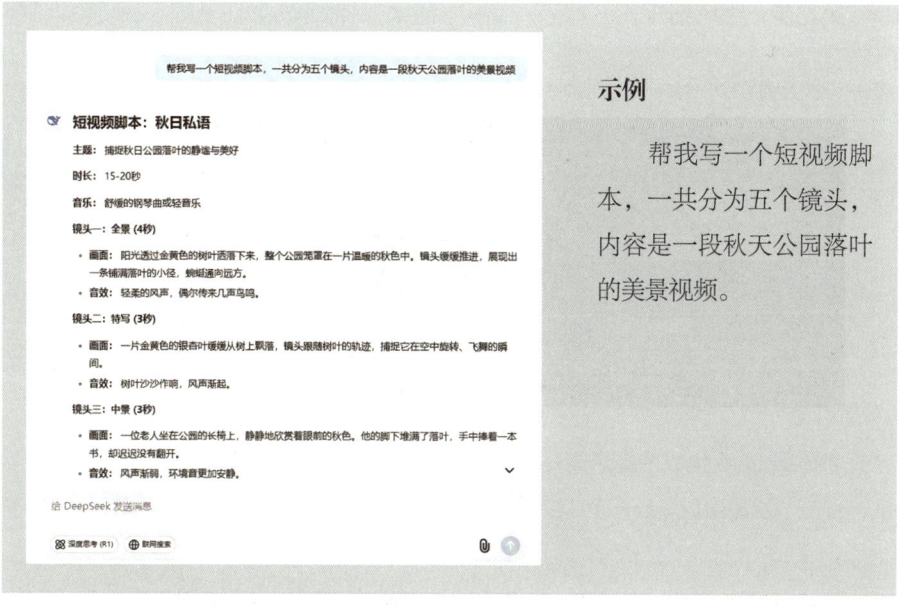

示例

帮我写一个短视频脚本,一共分为五个镜头,内容是一段秋天公园落叶的美景视频。

● **第二步:优化脚本输出结果**

为了让生成的视频脚本更符合要求,可以再次输入提示词。这样生成的脚本可以直接使用。然后使用即梦AI生成图片和视频。

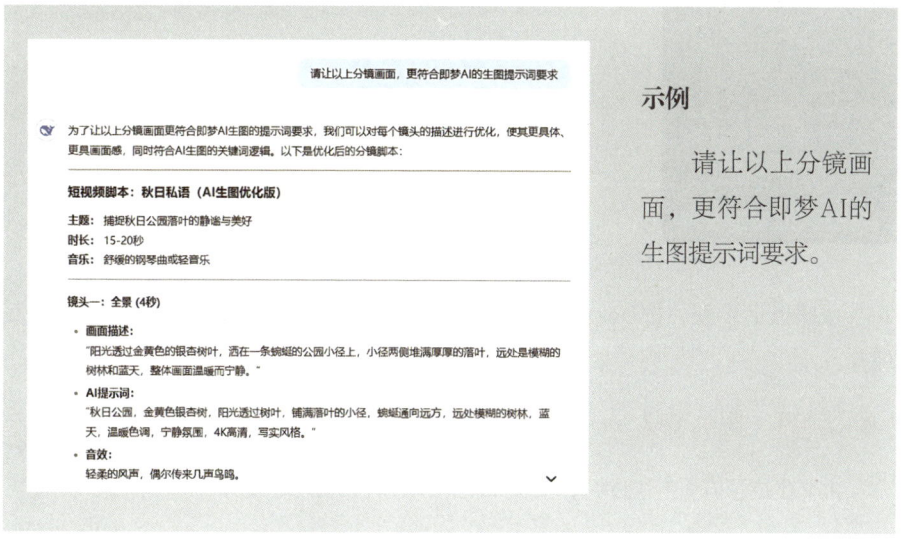

示例

请让以上分镜画面,更符合即梦AI的生图提示词要求。

● 第三步：生成图片

网页搜索即梦AI，打开网页，选择"AI作图→图片生成"，如下图所示。

将DeepSeek生成的提示词复制进去，选择你需要的图片比例，其他参数保持默认，点击"立即生成"，即梦AI会生成四张图片，选择自己喜欢的下载保存。

按照以上步骤，把DeepSeek生成的余下四个镜头描述全部做成图片，下载保存。

● 第四步：图生视频

上文生成了五张静态图片，接下来要把图片转化为动态视频。

1. 点击"视频生成",选择"图片生视频",上传图片,参数保持默认,点击"生成视频",即梦AI会快速生成视频,如下图所示。

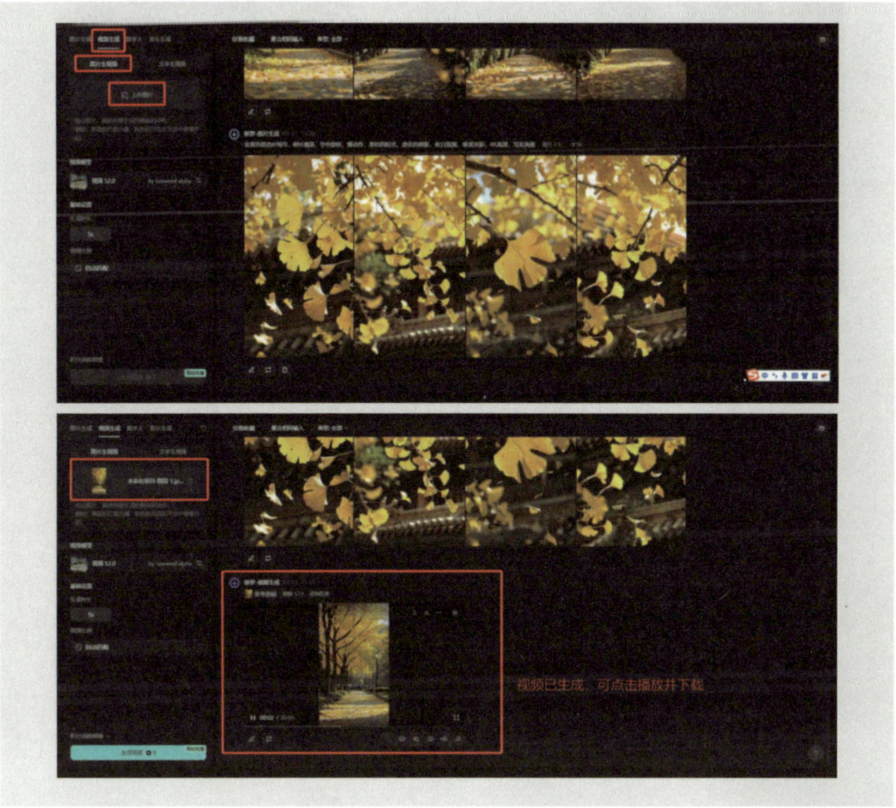

2. 另外四张分镜图片按照同样的操作方法,分别生成四段视频。生成的视频是没有声音的,需要将视频导入剪映,添加音乐和背景音效,把导入的素材拖至下方轨道,拼接在一起,如下图所示。

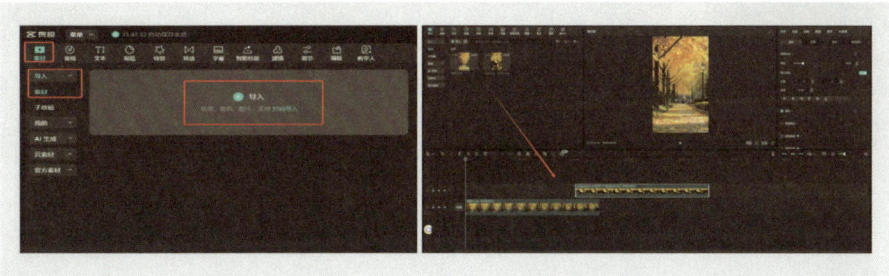

3. 选择合适的背景音乐，拖入轨道中，点击"导出"，即可完成短视频制作。

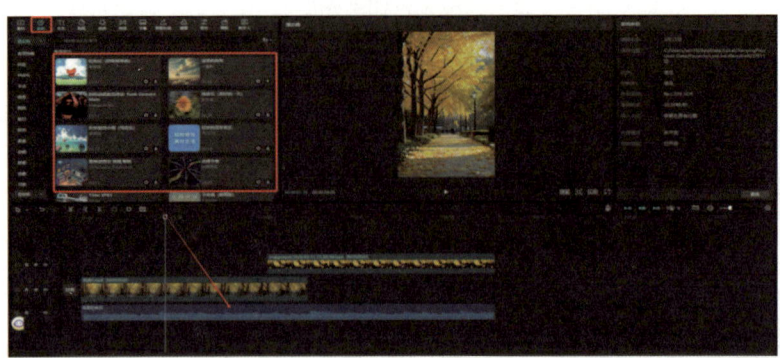

  AI工具组合使用能提升创作效率，但关键是要匹配你的内容方向。比如，做风景视频可用AI写脚本+配乐+自动剪辑。其他领域则需要灵活调整：知识博主可以用AI查资料+做课件+生成解说；带货主播可以用AI智能抠图+场景合成+文案优化。

  建议先想清楚内容形式，根据你的赛道来做，再选择对应的工具组合。记得多学习新工具，但别被技术带偏——好内容的核心，依然是创意和干货，AI只是帮你把想法更快落实的助手。

### 4.4.2 进阶创作：AI搞定全流程

**AI做短视频可以像流水线生产一样，全流程丝滑产出。**

以前做短视频太费劲：选题想到头秃、文案写到崩溃、剪视频熬夜到天亮……

现在有了DeepSeek和剪映这对黄金搭档，效率直接提升10倍。从写文案到剪视频，AI全程帮你搞定，新手也能批量做出专业视频，帮你解决"不会做""没时间"的问题。

## 爆款流水线：AI帮你搞定全流程

### 1. 找选题：5分钟挖出100个热门点子

爆款视频第一步：选对话题！

在DeepSeek上输入你的领域关键词，如"穿搭""职场"，DeepSeek能扒出全网最火的话题和痛点，直接给你一张"热门选题地图"，照着做就行。

比如，输入"打工人逆袭"，AI可能给你生成以下选题。

《月薪5千到5万，我就靠这3个Excel技巧》

《老板最怕你知道的5条劳动法，赶紧收藏！》

小技巧：想要更吸睛的标题，可以告诉AI"生成10个健身领域的反常识标题，带数字和冲突点"，它立马给你提供一堆灵感。

### 2. 写脚本：AI自动生成"人话"文案

有了选题，直接让AI帮你写脚本！

告诉它："写一个60秒的'早起技巧'视频脚本，开头3秒用'为什么你总是起不来？'这种扎心问题，中间讲3个科学方法（带数据），结尾让观众点赞。"

AI立马把分镜头写得明明白白。

"镜头1（0—3秒）"
画面：闹钟响个不停，一只手狠狠拍掉
字幕："定了5个闹钟还是起不来？"
音效：刺耳铃声+玻璃碎掉声
"镜头2（3—12秒）"
画面：阳光照进房间，人伸懒腰
字幕："哈佛研究：开窗帘睡觉，早起成功率涨87%！"

### 3. 配音：AI生成真人声音

怕自己声音不好听？AI连配音问题都帮你解决！

两种方法：1.用剪映"数字人"：选个虚拟主播（如职场精英、萌妹音），输入文案，直接生成带人像的视频，还能调整语速和语气。

2.用DeepSeek语音合成：输入文字，选音色、方言甚至英语，生成超自然配音，拖入剪映就能用。

小贴士：加点背景音（如敲击键盘声、咖啡店环境音），配音听起来更真实。

## 剪映速成班：10分钟剪出一条片

**素材库：分门别类存好货**
1. 自己拍的视频：按"场景/情绪"分类，如"上班焦虑""宅家治愈"。
2. AI生成素材：让DeepSeek+AI生图来帮你画图，比如"画一个程序员凌晨加班的卡通背景"。
3. 剪映自带素材：直接找炫酷特效，有很多免费的可以用！

**剪辑四步法：新手也能秒上手**
1. 套模板：做好第一条视频后，存成模板，下次直接复制改内容即可。
2. 换素材：右击原来的图片/视频，选择"替换文件"，特效字幕全保留。
3. 加字幕：点击"智能字幕"，自动识别语音生成文字，选个抖音爆款字体。
4. 调画面：点击"一键美化"，AI自动把画面调亮、把颜色调鲜艳。

**爆款小心机：加这些特效流量翻倍**
1. 进度条动画：加个进度条贴纸，让它慢慢填满，观众更愿意看完视频！
2. 点赞三连弹幕：片尾加"点赞、关注、转发"动态图标。
3. 反转音效：剧情转折时加个乌鸦叫、刹车声（搞笑类音效），效果拉满。

## 多平台发布技巧

抖音：前3秒必须劲爆！比如，"月薪3千和3万的人差在哪？"加话题#干货分享。

视频号：多发可以分享到朋友圈的内容。

B站：视频做长点（3分钟以上），多讲干货。

## 案例分析：小白7天赚了1.2万

有个账号叫"AI办公神器"，用DeepSeek写脚本（10分钟）+剪映剪辑（15分钟），7天发20条视频，播放量破500万，靠带货赚了1.2万。他们的秘诀就四点：开头扎心提问+中间甩数据+套模板剪辑+片尾求三连。这说明哪怕你是新手，用对工具也能快速起飞！

## "AI＋短视频"还能帮你干什么

**自动避坑**：AI会帮你检查内容是否违规，降低被封风险。

**做外语视频**：一键生成英语配音+字幕。

**蹭热点神器**：AI自动抓取微博热搜，马上生成相关视频脚本，流量蹭蹭涨。

现在做短视频可以像工厂流水线生产一样高效，用AI工具就能批量生产爆款！赶紧试试DeepSeek+剪映，你负责想点子，剩下的交给AI就行！

## 4.5 知识补给站：了解AI如何重塑视频生产

### 4.5.1 技术革新：生产力范式变革

**生成式AI突破创作门槛**

某顶尖AI实验室的视频生成模型实现了从文本到视频的跨模态生成能力，输入"未来城市空中交通系统"等描述，可直接输出包含多机位运镜、物理特效的60秒视频。传统影视工业中需3D建模团队耗时数周才能完成的工作，现可通过AI在数分钟内完成。最新行业研究显示，AI工具已覆盖全球76%短视频生产环节，制作周期平均缩短了83%。

**智能化工具重构工作流**

某知名剪辑软件集成AI系统，能自动识别素材情感基调，智能匹配转场特效与背景音乐。某国际动画工作室披露，其AI分镜系统将动画电影前期制作时长从18个月压缩至6个月。国内影视基地调研显示，灯光、场务等基础岗位需求下降40%，而"AI视觉督导"等新职位薪资涨幅达200%。

## 4.5.2 产业格局重构：从专业垄断到全民共创

### UGC内容爆发式增长

主流短视频平台推出的AI场景替换功能，允许用户将自拍视频背景实时转换为太空站、古罗马竞技场等场景。2024年数据显示，平台日均AI生成内容超30亿条，其中"AI历史重现"（如让兵马俑"开口说话"）类内容互动量同比激增570%。

### 虚拟人经济崛起

某二次元平台虚拟主播通过实时动作捕捉技术实现直播互动，单场直播收入突破百万。某电商平台推出的"数字人克隆"服务已签约超10万商家，其生成的数字主播可24小时不间断带货，转化效率达到真人主播的92%。

## 4.5.3 内容形态进化：交互与边界的突破

### 动态叙事革命

某流媒体平台推出的互动剧，采用AI剧情引擎，根据观众心率、表情数据实时调整故事走向，创造28种结局分支。某视频平台测试的AI广告系统，可依据用户地理位置、天气生成个性化内容，点击率提升320%。

### 文化遗产的数字化新生

某博物院联合科技企业推出的"文物活化"项目，通过视频生成技术还原古画动态场景，用户可"穿越"到画中与历史人物互动。此类内容在青少年群体中传播量超5亿次，推动传统文化IP商业价值增长7倍。

### 4.5.4 伦理与规则的博弈

**知识产权争议加剧**

国际编剧协会与制片方达成新协议,要求AI生成剧本占比不得超过30%。国内有关部门出台《人工智能生成合成内容标识办法》,明确要求AI视频添加可识别水印。某导演用AI"复活"已故演员参演新片引发伦理争议,相关话题社交媒体阅读量达48亿。

**真实性防御体系构建**

某顶尖高校研发的视频鉴伪系统,通过分析物理规律识别AI生成内容,准确率达98.7%。主流社交平台已强制启用该技术,日均拦截违规内容超1200万条。

---

### 4.5.5 未来趋势:人机协同新生态

**创意产业的升级路径**

某顶尖美术学院新增"生成艺术设计"专业,培养能驾驭AI工具的新型创作者。某影视集团设立"人机协作实验室",其AI编剧系统在悬疑剧创作中提出关键线索设计,推动剧情反转,获8.9分观众好评。

### 技术普惠与社会影响

国际组织报告指出，AI视频技术使发展中国家内容创作者收入中位数提升64%。非洲青年利用AI工具制作的环保主题短片，在联合国会议上放映并获千万级传播，凸显技术赋能的全球价值。

---

**总结**

AI技术正重构视频生产逻辑：生成式模型实现文本到视频的跨越，将制作周期缩短90%以上；智能化工具推动影视工业流程再造，催生AI视觉督导等新兴职业；全民创作浪潮下，UGC内容爆发与虚拟人经济崛起重塑产业格局；动态叙事、文物活化等新形态突破内容边界。伴随知识产权争议与真实性危机，全球加速建立数字水印、鉴伪系统等规制体系。未来人机协同将强化创意核心价值，技术普惠性正赋予文化传播与社会创新新动能，开启"人类导演+AI执行"的创作新纪元。

# 第五章

## DeepSeek+超级个体

### 暴力起号！30天用AI数字人打造赚钱IP

你知道吗？现在月入10万的短视频博主，99%都在用AI批量生产内容。一个普通人使用AI工具，一天可以轻松制作500条短视频！

## 5.1 案例　杭州宝妈用AI打造IP，30天涨粉10万

● **案例背景**

杭州一位宝妈的AI美容专家账号，在短短30天内取得了令人瞩目的成绩：

▶ 粉丝数从0涨至10万以上　　▶ 单条视频播放量突破100万

▶ 日均内容产出效率提升50倍以上　▶ 月均收入突破5万元

▶ 品牌合作邀约超过20个

这些惊人的数字背后，反映的是AI技术在内容创作领域的革命性影响。以往一条高质的视频背后往往是创作者无数次的构思、打磨和迭代，可能花费几个小时甚至几天的时间。但如今，借助AI的力量，每个人都能变成"超级生产者"。一个普通人借助AI工具，一天就能轻松地产出数十甚至数百条短视频，这在过去是不可想象的。

过去的内容创作，就像匠人慢工出细活，强调的是个人的技艺、灵感和耐心。但现在，AI这个超级助手，创作效率得到了颠覆性的提升。AI接管了那些重复的、机械的、费力不讨好的工作——比如，收集素材、剪辑视频、撰写基础脚本等，让创作者能够更多地关注内容的质量和创新。

然而，这种高效率也带来了新的挑战。内容市场的饱和度急剧上升，如何在海量内容中脱颖而出成了新的难题。这就要求创作者不仅要善用AI工具，还要有独特的视角和洞察力，如此才能持续吸引观众的注意力。

## ⚛ 具体做法

**步骤1：精准选题**

利用数据分析工具（如巨量算数、新媒体管家）挖掘热门话题和用户痛点。AI美容专家重点关注了熬夜引发的肌肤问题这一普遍存在的痛点。

**步骤2：AI文案生成**

使用DeepSeek等大语言模型，输入精心设计的指令。

> 你是一名美容专家，精通护肤美容知识，请为我写作三篇300字以内的口播文案，要求如下。
>
> - 标题必须吸引眼球，激发好奇心
> - 开头和结尾都要有钩子，吸引用户继续观看
> - 内容要围绕"熬夜导致的肌肤问题"展开
> - 提供实用、简单的解决方案
> - 语言要口语化，富有情感
> - 避免使用违禁词和敏感词汇

---

**熬夜护肤急救与修复指南**

你是一位美容护肤专家，精通抗衰老护理。请为我创作3篇300字左右的口播文案，并满足以下要求：

1. 标题必须吸引眼球，激发好奇心。
2. 开头和结尾都要有钩子，吸引用户继续观看。
3. 内容围绕【熬夜对皮肤的影响及快速修复方法】展开。
4. 提供实用、简单的解决方案或建议。
5. 语言要口语化，富有情感。
6. 避免使用违禁词和敏感词汇。
7. 每篇文案都要有明确的结构：开场钩子、问题阐述、解决方案、收尾钩子。
8. 审阅并微调AI生成的内容，确保符合你的品牌调性和目标受众需求。

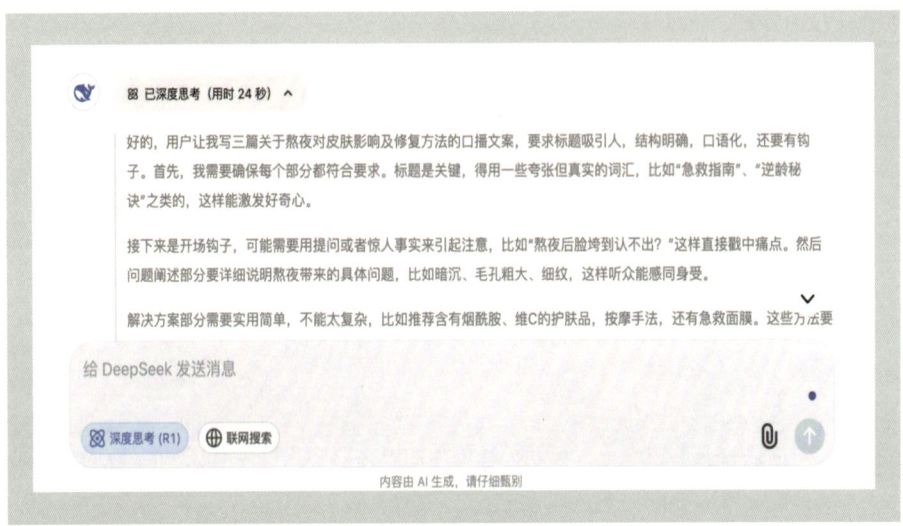

### 步骤3：AI数字人视频生成

将生成的文案输入AI超级分身平台（如Wonder Studio、Synthesia等），选择预设的数字人形象和声音，一键生成高质量的口播视频。

### 步骤4：优化与迭代

根据数据反馈（如点赞率、完播率、评论数）不断优化内容和表现形式。例如，发现用户更喜欢25—30岁的女性数字人形象，便将主要IP调整为该形象。

## 📋 方法论总结

基于杭州宝妈的成功经验，可以提炼出以下**爆款数字人IP**的公式和模型。

高价值选题：大数据分析+用户痛点洞察

AI文案生成：指令明确+多轮优化

AI数字人IP呈现：数字人IP视频制作（高仿真+情感表达）

数据驱动优化：持续优化迭代（数据分析+用户反馈）

这种方法不仅适用于美容领域，还可以扩展到多个垂直市场。
- 健康养生：AI营养师提供饮食建议
- 职场技能：AI职场导师分享职业发展技巧
- 育儿教育：AI育儿专家解答育儿难题
- 财经投资：AI理财顾问分析市场趋势

AI让普通人变成创作者，门槛彻底消失了，普通人有了前所未有的表达能力。以前，能在镜头前说得头头是道的人，不是口才好，就是有才华。但现在，AI把这道门槛彻底抹平了。那些原本不敢露面、不善表达的人，能靠AI轻松做出爆款内容。

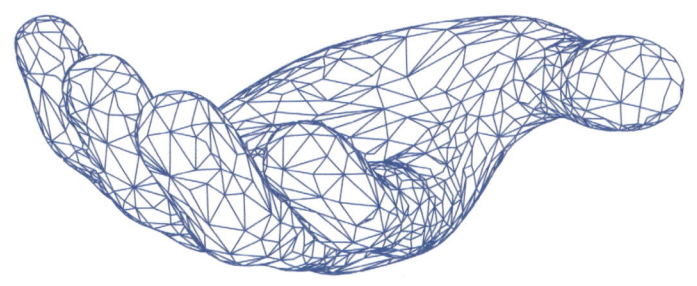

## 5.2 实操攻略　AI数字人口播视频，3步打造百万播放量

任何人都能拥有一个属于自己的"数字人替身"。过去，你可能羡慕那些能在镜头前侃侃而谈的创作者，但如今，你只需掌握几个简单的工具，就能轻松制作出富有感染力的内容。

接下来，要介绍的是一种全新的创作方式，它不再依靠你的颜值、口才，甚至不要求你亲自出镜。你只需要借助DeepSeek这样的AI工具，加上一些简单易用的辅助软件，就能迅速创作出既专业又有吸引力的内容。AI工具会为你写出口播文案，甚至还能帮你生成一个数字形象，替你在镜头前表达观点、传递情绪。你的工作只是给它们提供选题和方向，然后坐在一旁，看着你的数字人替身流畅地完成剩下的一切。通过这种方式，你不仅节省了大量时间，还能确保内容稳定且高质量地批量输出。AI

不会累,也不会厌倦,只会不知疲倦地优化和迭代,始终帮你找观众的兴奋点。未来的创作者不是拼谁更勤奋,而是拼谁更懂得如何巧妙地运用这些新工具。

### 第一步:用DeepSeek量产爆款选题

① 登录DeepSeek官网(https://www.deepseek.com);
② 在输入框中输入以下提示词。

请分析[你关注的垂直领域]近期热门话题,列出Top5最受关注的内容方向,每个方向提供3个具体的选题建议。

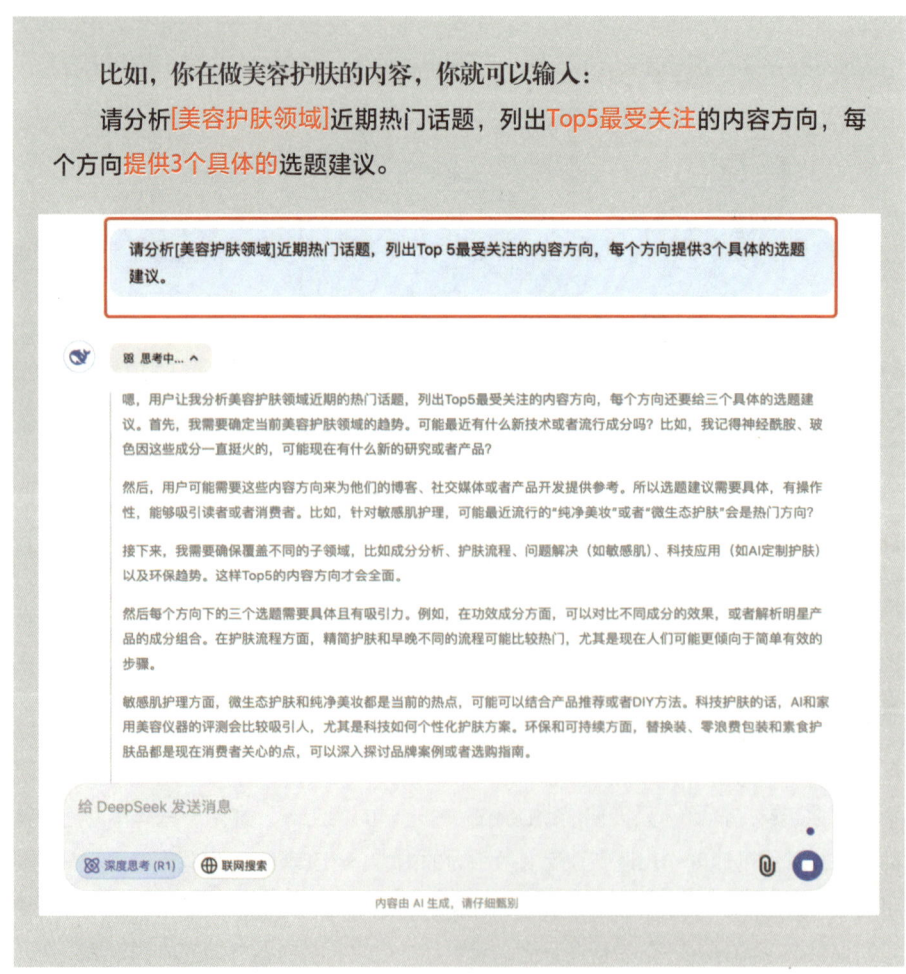

比如,你在做美容护肤的内容,你就可以输入:

请分析[美容护肤领域]近期热门话题,列出Top5最受关注的内容方向,每个方向提供3个具体的选题建议。

输入后，DeepSeek将会立即生成一份清晰、实用的列表。它会告诉你，最近什么样的内容最火，人们真正关心的是什么，并且提供具体、清晰、可立即上手的选题。

> **美容护肤领域热门话题分析**
>
> 根据近期美容护肤领域的行业报告及社交媒体讨论热度，以下为Top 5热门内容方向及选题建议：
>
> **一、功效成分深度解析**
>
> 【热度驱动】消费者对「成分党」关注度持续攀升
>
> 1. 《玻色因平替成分大起底：哪些百元产品能达到千元面霜效果？》
> 2. 《2023新晋明星成分「蓝铜胜肽」：修复力实测+搭配禁忌指南》
> 3. 《早P晚R新公式：如何用「补骨脂酚+视黄醇」构建抗老组合拳》
>
> **二、精简护肤与科学流程**
>
> 【热度驱动】Z世代「反过度护肤」理念兴起
>
> 1. 《三步急救法：如何用「神经酰胺+B5」拯救烂脸期》
> 2. 《油皮夏日极简方案：控油精华+防晒替代乳液的可行性分析》
> 3. 《冷热水交替洗脸是伪科学？皮肤科医生拆解清洁误区》
>
> **三、敏感肌屏障修复方案**
>
> 【热度驱动】口罩脸+换季敏感问题激增
>
> 1. 《微生态护肤新趋势：益生元精华如何修复「玻璃屏障」》
>
> 从DeepSeek生成的建议中选择最适合你的选题即可。

### 第二步：用DeepSeek创作爆款内容

如果你打算用DeepSeek写出优质的口播文案，第一步就是清晰、明确地告诉AI你想要什么。好的输入，才能获得好的输出。你需要让AI相信自己确实是一位专家，并清楚地知道观众需要什么样的内容。

打开DeepSeek，输入以下模板。

你是一位[你的领域]专家，精通[具体专业方向]。请为我创作3篇300字左右的口播文案，并满足以下要求。

- ☑ 开头的第一句话必须是一个钩子,让用户迫切想听下去。
- ☑ 标题要直击痛点,吸引目标用户注意。
- ☑ 内容围绕[你选定的具体主题]展开,针对目标观众最关心的问题提供实用而简单的建议。
- ☑ 每篇内容的结尾都要再设计一个钩子,让用户期待你的下一条视频。
- ☑ 全程语言必须口语化、生动,充满情感和真实感。
- ☑ 文案结构清晰,包含清楚的四个部分:开头钩子→问题描述→解决方案或建议→结尾钩子。
- ☑ 严格避免使用平台违禁词、敏感词和容易引发争议的表达方式。
- ☑ 容易记忆、容易跟读,让观众听完觉得轻松、实用、有价值。

假设你想创作的是美容护肤,特别是抗衰老护理方面的内容,那么你可以这样告诉DeepSeek:

你是一位美容护肤专家,精通抗衰老护理。
请为我创作3篇300字左右的口播文案,并满足以下要求。
- ☑ 标题必须吸引眼球,激发好奇心。
- ☑ 开头和结尾都要有钩子,吸引用户继续观看。
- ☑ 内容围绕"熬夜对皮肤的影响及快速修复方法"展开。
- ☑ 提供实用、简单的解决方案或建议。
- ☑ 语言要口语化,富有情感。
- ☑ 避免使用违禁词和敏感词汇。
- ☑ 每篇文案都要有明确的结构:开场钩子、问题阐述、解决方案、收尾钩子。
- ☑ 审阅并微调AI生成的内容,确保符合你的品牌调性和满足目标受众需求。

第五章　DeepSeek+超级个体

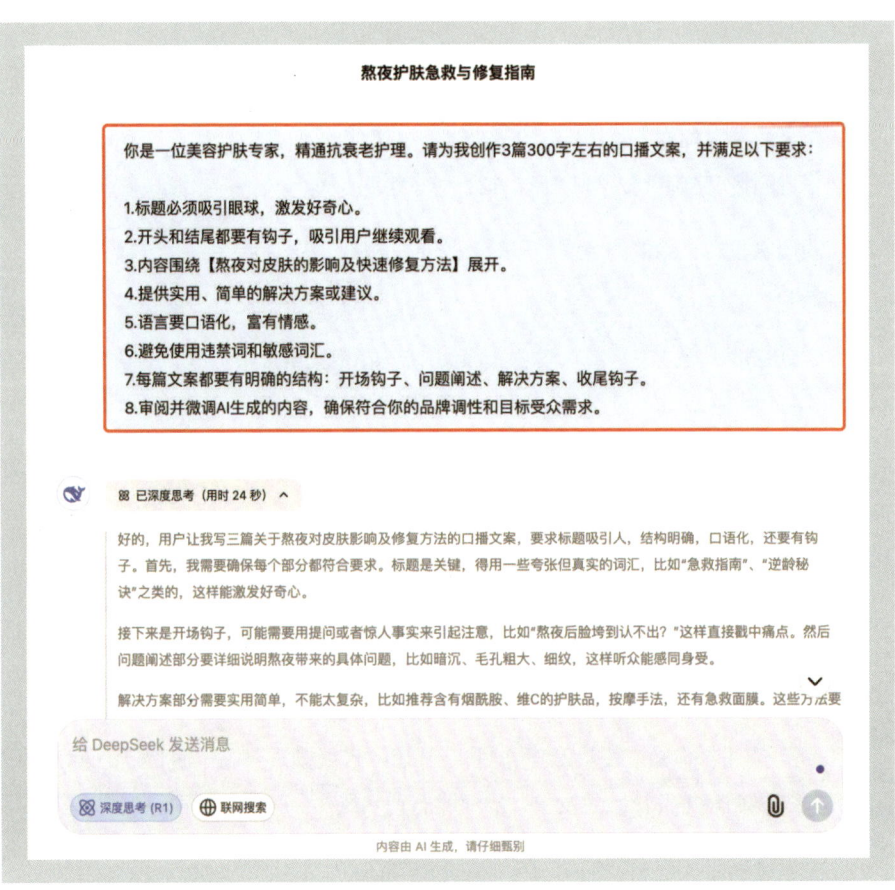

## 输出结果

**口播文案1　夜猫子必看！3招拯救"熬夜垮脸"的急救指南**

√　开场钩子："凌晨三点的手机屏光照在你脸上，知道皮肤正在尖叫求救吗？"

√　问题阐述：每熬一次夜，皮肤都在经历三重暴击——暗沉像蒙了层灰、毛孔能插秧、细纹偷偷爬眼角。更可怕的是胶原蛋白正以3倍速度流失，第二天上妆卡粉到怀疑人生！

● **解决方案**

★ 黄金修护三部曲：熬夜后先用含烟酰胺的化妆水湿敷5分钟，再用维生素C精华打圈按摩至吸收，最后厚涂神经酰胺面霜锁水。

★ 清晨急救术：冷藏的金属勺子轻压眼周，咖啡因眼霜点涂后搓热掌心焐脸30秒。

★ 饮食彩蛋：第二天必备猕猴桃+蓝莓奶昔，花青素直接帮你擦亮皮肤。

√ 收尾钩子：下期教你用2分钟按摩手法把垮掉的脸提回来，修仙党记得点好关注！

---

**口播文案2　熬最深的夜如何不烂脸？美容师私藏的熬夜回春术**

√ 开场钩子："我连续熬夜7天，闺蜜看见我，以为我去做了换脸手术！"

√ 问题阐述：你知道凌晨2点后皮肤会开启"自毁模式"吗？油脂分泌紊乱导致闭口爆发，微循环停滞让脸色发灰，屏障脆弱到吹风都会刺痛！更别说眼周那些像刻上去的干纹……

● **解决方案**

★ 熬夜守夜人必备：22点前薄涂水杨酸棉片；电脑前放加湿器，保持50%湿度。

★ 分段式修复法：凌晨1点用补水喷雾+角鲨烷油做第一层抢救，早晨用含茶多酚的洁面。

★ 偷师明星的绝招：把冻干粉混合在晚安粉里，整夜修复不粘枕头。

√ 收尾钩子："想知道剧组忙到深夜，明星第二天上台前5分钟的急救秘籍？明天这个时间蹲好直播间！"

**口播文案3　别让熬夜偷走你的少女肌！28天逆龄修复计划**

√开场钩子："25岁和35岁熬夜的差距，竟然全藏在这个动作里……"

√问题阐述：你知道凌晨2点后皮肤会开启"自毁模式"吗？油脂分泌紊乱导致闭口爆发，微循环停滞让脸色发灰，屏障脆弱到吹风都会刺痛！更别说眼周那些像刻上去的干纹……

● **解决方案**

★建立熬夜修复生物钟：22点/1点/6点设置闹钟，完成抗氧化—修护—防御三步骤。

★独家按摩手法：用指关节沿下颌线推到耳后，配合含胜肽的精华液，熬夜也能V脸。

★食材替代咖啡：喝红枣桂圆枸杞茶，补气血还能提升皮肤含氧量。

√收尾钩子："下条视频曝光我连熬大夜反而皮肤更好的终极武器，手残党也能学会的3D提拉术！"

DeepSeek会迅速为你生成三篇完整、流畅的口播文案，每一篇都能让你的观众愿意停下来倾听，并感受到你的专业、诚意与人情味。记住，虽然AI负责文案的初稿，但最终掌控质量和风格的人依然是你。

---

### 第三步：AI数字人视频制作

①登录蝉镜AI数字人平台：https://www.chanjing.cc/
②选择适合你内容的数字人形象。
③将DeepSeek生成的文案复制到平台的文本输入框内。
④选择合适的语音克隆选项，调整语速和情感。
⑤点击"生成视频"，等待视频制作完成。

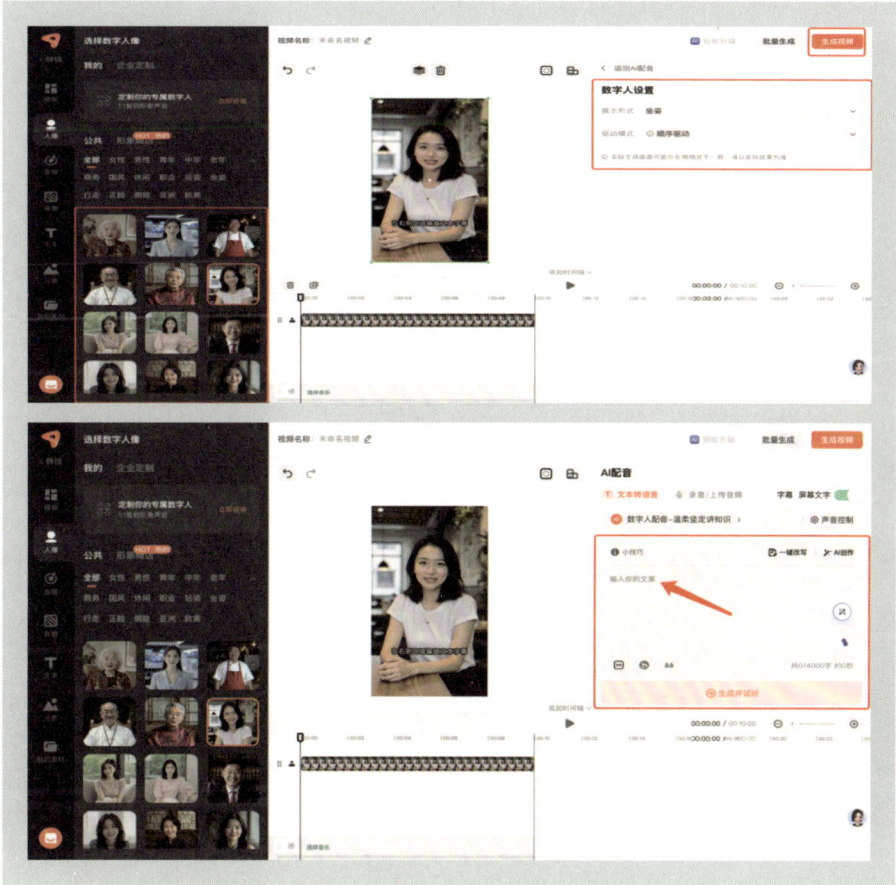

### 第四步：视频优化与包装

① 下载并打开开拍App。

② 导入AI超级分身生成的原始视频。

③ 使用一键剪辑功能，自动添加转场效果和背景音乐。

④ 利用智能包装功能，生成吸引眼球的视频封面。

⑤ 导出最终成品视频。

### 第五步：发布与数据分析

① 将优化后的视频上传至目标短视频平台（如抖音、快手等）。

② 使用平台自带的数据分析工具，密切关注视频表现。

③ 记录关键指标：播放量、点赞数、评论数、转发数等。

### 效率提升策略

① 批量生产：使用DeepSeek一次性生成多个主题的文案，然后批量制作视频。

② 模板复用：为常用的内容结构创建DeepSeek指令模板，以便快速调用。

③ A/B测试：制作同一主题的不同版本，比较效果，优化最佳实践。

④ 自动化工作流：使用Zapier等工具，将DeepSeek、AI超级分身和开拍App连接，实现半自动化生产。

### 注意事项

① 内容质量把控：即使是AI生成的内容，也要确保信息准确、有价值。

② 版权意识：使用AI工具时，注意遵守相关版权法规。

③ 真实性声明：在适当位置说明视频使用了AI技术，保持透明度。

④ 持续学习：关注AI工具的更新，不断优化你的工作流程。

---

遵循以上这些步骤，制作高质量AI视频将变得简单。从确定选题到文案撰写，再到AI生成视频，流程变得自然快捷。你将与AI合作得更默契，效率显著提升。

记住，速度和数量不是目标，内容质量和用户感受才是关键。要不断优化内容，关注用户反馈，以用户反应为指南针。只有不断改进表达方式，内容才能真正吸引人。

技术提高效率，但优质内容仍需用心雕琢。这是创作者不应忘记的真理。

## 举例1　如果你是一位职场人，如何使用AI打造你的个人IP

● 案例背景

也许你正在职场打拼，渴望建立自己的影响力，树立个人品牌。但你担心自己缺乏专业的表达能力，或者面对镜头时不够自信。这时，AI便成为你的最佳伙伴。具体一点：假设你是一位人力资源经理，你希望利用短视频帮助年轻职场人士提高沟通技巧，同时展示你的专业和经验，打造属于你的个人IP。

**第一步：用DeepSeek迅速找出职场人士最关心的爆款选题**

① 登录DeepSeek官网（https://www.deepseek.com）

② 登录后，在搜索框中输入下面的提示词。

请分析<u>职场技能提升领域</u>近期热门话题，列出<u>Top5最受关注</u>的内容方向，每个方向<u>提供3个具体的</u>选题建议。重点关注沟通技巧相关内容。

> 请分析职场技能提升领域近期热门话题,列出top5最受关注的内容方向,每个方向提供3个具体的选题建议。重点关注沟通技巧相关内容。

**思考中... ^**

嗯,用户让我分析职场技能提升领域近期的热门话题,列出前五名,每个方向三个选题,还要特别关注沟通技巧。首先,我需要确定职场技能提升的当前趋势,可能有哪些方面比较热门。可能要考虑疫情后的职场变化,比如远程办公、混合工作模式的影响,或者随着AI技术的发展,相关技能的需求增加。

首先,我得确认用户的需求是什么。他们可能是在做内容创作,比如写博客、制作课程,或者是为企业培训收集资料。需要列出最受关注的五个方向,每个方向三个选题,并且沟通技巧要重点处理。所以,沟通技巧会是其中一个方向,或者需要在每个方向中都强调沟通的部分?

用户特别提到要重点关注沟通技巧相关内容,所以可能沟通技巧是五个方向中的一个,但其他四个方向可能也需要包含沟通的元素?或者沟通技巧是一个独立的方向,其他四个是其他热门领域?

接下来,我需要确定当前职场技能的热门话题。可能的方向包括:远程沟通与协作、情绪管理/情商、AI工具的应用、跨部门协作、职业发展规划、时间管理、领导力培养、数字化转型中的技能提升等。然后需要筛选出前五个最受关注的。

根据最近的一些趋势,远程和混合办公可能依然热门,AI工具的普及也是一个重点,比如ChatGPT等工具的使用。情绪智力(情商)在职场中的重要性持续上升,尤其是后疫情时代。跨部门协作和项目管理因为企业结构复杂化而受到关注。此外,职业发展的敏捷性,比如如何快速学习新技能,也可能是一个方向。

### 职场沟通技巧热点与选题建议

**职场技能提升领域近期Top5热门话题及选题建议**

**一、远程/混合办公场景下的沟通优化**

1. 《视频会议防"跑题"指南:3个议程管控工具+5种打断话术》
   - 痛点:线上会议效率低,聚焦"如何设计议程模板"和"礼貌打断技巧"。
2. 《虚拟办公如何传递温度?表情包/虚拟背景/语音语调的仪式感设计》
   - 创新点:通过非语言符号弥补远程沟通的情感缺失。
3. 《远程工作周报怎么写?用"金字塔模型"展现不可替代性》
   - 方法论:结构化表达+数据可视化,突出个人价值。

**二、AI工具赋能的职场效率革命**

1. 《ChatGPT邮件优化:从"已读不回"到"秒获回复"的指令公式》
   - 场景:针对跨时区、跨文化沟通的邮件指令模板设计。
2. 《用AI语音转写工具建立会议纪要知识库的SOP》
   - 效率提升:从信息整理到共享的全流程自动化。
3. 《MidJourney视觉化沟通:5分钟将抽象需求转化为示意图》
   - 创新应用:用AI绘图工具降低跨部门沟通成本。

③ 从AI生成的建议中选择最适合你的选题。

几秒钟后,DeepSeek就会向你展示一个清晰、详细的列表,告诉你当下职场中最受关注的沟通问题有哪些。比如,"有效沟通"可能是近期排名第一的热门方向。再进一步细化,选择其中一个具体的问题。比如,如何在职场中进行有效的反馈沟通？这个问题恰到好处：足够具体，切中痛点，是职场人普遍关注的话题。你不用担心选错主题，因为AI早已证实了它的人气。这意味着你的视频会自带流量与关注度。

短短几分钟，你就完成了爆款选题筛选，这在过去几乎是不可能完成的任务。但今天，这正成为现实。AI不会替代你的想法，但会快速引导你找到那些真正值得去表达的想法。这种方式能让你更专注于内容本身，而非被焦虑和犹豫所拖累。选好主题后，就可以开启下一步——让AI帮你写出一篇清晰、有趣而又打动人心的口播文案。

### 第二步：用DeepSeek创作爆款内容

当你确定了选题，接下来的任务就是写一份生动、有吸引力的口播文案。这听起来很简单，但事实上，要清晰、简洁地表达自己的观点，并且让观众真正感兴趣，并不容易。不过，你很幸运，因为现在你有了AI这个帮手。

假设你是一位人力资源经理，你要制作的视频主题是"如何在职场中进行有效的反馈沟通"。你希望文案的开头足够吸引人，能让观众停下来继续听下去；你也希望结尾有足够的感染力，能让观众觉得意犹未尽，并期待你的下一次分享。这时候，AI工具就能真正帮到你。

**你只需打开DeepSeek网站，输入下面这个清晰的指令。**

---

你是一位职场沟通专家，精通职场反馈技巧。
请为我创作3篇300字左右的口播文案，并满足以下要求。

- ☑ 标题必须吸引眼球，激发好奇心
- ☑ 开头和结尾都要有钩子，吸引用户继续观看
- ☑ 内容围绕"如何在职场中进行有效的反馈沟通"展开
- ☑ 提供实用、简单的解决方案或建议
- ☑ 语言必须口语化、富有人情味，避免空洞的术语
- ☑ 每篇文案要有清晰的结构：开头钩子→问题阐述→解决方案→收尾钩子

## 📋 输出结果

**口播文案1　同事总把你的建议当耳旁风？3步让他追着你问意见！**

√开头钩子："昨天小张说我'说话像领导念文件'，我才发现90%的职场反馈都死在这句话上！"

√问题阐述：你是不是遇到过——明明是好心提醒同事方案有漏洞，他却甩脸走人？给下属提改进建议，结果人家越改越糟？问题就出在反馈方式上！职场里最怕的不是说错话，而是说对话却用错姿势。

---

● **解决方案**

★"三明治话术"：夸具体细节+说改进建议+给成长信心（例："你的PPT配色特别高级，要是把第三页数据换成柱状图，客户绝对当场签单！"）

★黄金15秒法则：开口前先问自己"这句话15秒内能让他记住重点吗？"把"总是/又忘了"换成"这次/下次"。

★肢体语言暗号：递文件时把尖角朝向自己，说话时手掌朝上，对方不自觉就会放下戒备。

---

√收尾钩子："明天揭秘让领导主动找你讨教的神操作，现在点关注的人下周都能涨薪！"

---

**口播文案2　领导总说"再想想"？教你3句话把反对意见说成金点子**

√开头钩子："上周我用这个话术让总监撤回错误决策，现在他开会都让我坐第一排！"

√问题阐述：发现领导方案有问题不敢说？说完就被打上"爱挑刺"的标签？其实不是意见不对，而是你缺了"反馈包装术"。职场高手都懂的——反对的话要顺着说，批评的话要反着说！

● 解决方案

★ "借光表达法"："您之前教我的××方法特别有用，这次是不是可以……"（用领导的成功经验当跳板）

★ "选择题话术"：把"我觉得不行"换成"现在有A/B两版方案，A版能快速落地，B版更适合长远发展……"

★ "情绪温度计"：边说边观察对方眉毛——眉心舒展时抛重点，眉头皱起时立刻说"这只是我的浅见"

√收尾钩子："下期教你把'你错了'变成'咱们对了'的魔法话术模板，戳个收藏明天直接抄作业！"

**口播文案3　跨部门甩锅大战？这套反馈公式让你从此不当背锅侠**

√开头钩子："市场部老王又甩锅？我用了这招后他现在发消息都带'请'字！"

√问题阐述：其他部门拖延导致你背锅？协作时总有人装傻？职场最冤的不是做错事，而是替别人的错买单！但高手都懂——反馈不是秋后算账，而是实时排雷。

● 解决方案

★ "彩虹进度法"：每天下班前在工作群发"今日进度：已完成××（绿色）待确认××（黄色），卡点××（红色）"，让甩锅无所遁形。

★ "温柔追击术"：催进度时说"知道你最近特别忙，你看周三下午三点还是四点方便碰个头？"

★ "留痕小心机"：重要沟通后补发"刚沟通确认的3个要点"，结尾加个[太阳]表情。

√收尾钩子:"想知道怎么让甩锅的人主动请你喝奶茶?明晚8点直播间教你反杀话术!"

短短几秒钟后,DeepSeek会生成三篇文案。这三篇文案每一篇都有明确的结构,每一句话都经过精心设计,易于表达,更容易被观众记住。你或许会惊讶地发现这些由AI创作的文案,居然如此贴近你的真实感受和观众的需求。

但别急着直接复制它们。好内容总需要一点点人味儿来润色。花几分钟时间认真阅读一遍AI生成的文案,把你自己的个性与风格融入进去,微调一下词汇或节奏,让它更像"你自己"。

最终文案是否能够取得成功,取决于你有没有注入自己的思考和真诚。这种合作式的创作,会让你的内容真正脱颖而出。

### 第三步:AI数字人视频制作

①登录AI超级分身平台。
②选择一个看起来专业、可信的中年女性数字人形象,如一位穿着职业装的女性。
③将DeepSeek生成的文案复制到平台的文本输入框内。
④选择语音克隆选项,调整语速为1.1倍,选择"自信"的情感标签。
⑤点击"生成",等待视频制作完成。

### 第四步:视频优化与包装

①下载并打开开拍App。
②导入AI超级分身生成的原始视频。
③使用一键剪辑功能,添加简洁的转场效果。
④选择一个轻快但不过于活泼的背景音乐,音量调至原声的20%。
⑤使用智能包装功能,生成一个吸引眼球的视频封面。可以选择数字人微笑的截图,添加文字"职场沟通秘籍:3步搞定反馈"。
⑥导出最终成品视频,分辨率设置为1080P格式。

### 第五步：发布与数据分析

①将优化后的视频上传至目标短视频平台，如抖音。

②添加标签：#职场技能 #沟通技巧 #人际关系 #职场进阶

③在视频描述中添加："想要在职场中脱颖而出吗？掌握这个反馈沟通技巧，让你的职业生涯更上一层楼！"

④发布后，使用抖音的创作者工具，密切关注视频表现。

⑤记录关键指标：播放量、完播率、点赞数、评论数、转发数等。

⑥特别关注评论区的用户反馈，回复有价值的问题，为后续内容创作积累素材。

### 效率提升策略

①批量生产：使用DeepSeek一次性生成5—10个职场沟通相关的文案主题，然后批量制作视频。

②模板复用：为职场技能类内容创建DeepSeek指令模板，以便快速调用。

③A/B测试：制作同一主题的不同版本，如正式/幽默风格，比较效果，以此来优化视频。

④自动化工作流：使用Zapier将DeepSeek、AI超级分身和开拍App连接，实现半自动化生产。

### 注意事项

①内容质量把控：确保所有建议都是专业、可行的，避免误导观众。

②版权意识：使用版权免费的背景音乐，避免侵权问题。

③真实性声明：在视频描述中说明使用了AI技术，保持透明度。

④持续学习：关注人力资源和职场沟通领域的最新趋势，不断更新内容主题。

> 遵循以上这些步骤，制作高质量职场技能视频将变得简单高效。AI让复杂工作变得简单，任何职场人都能借助AI轻松打造个人IP。
>
> 无须反复练习台词，只需告诉AI需求，AI就能生成符合你风格的内容。选择主题，提出要求，简单调整AI内容，即可制作出有感染力的视频。

> 制作内容是起点,持续关注用户反馈和需求才是关键。
>
> 通过不断改进,你将在AI时代找到位置,赢得观众的认可。AI提供速度,你赋予内容温度和意义。希望你在AI赋能的职场技能传播之路上越走越自信。

## 举例2　如果你是一位大学生,如何使用AI打造你的个人IP

● 案例背景

假设你是一位大学生,想建立一个自己的职场成长类账号,想教会其他年轻人如何高效学习,如何在短时间内迅速掌握新技能。那么,你需要从明确、实用又热门的选题入手。

在过去,想要拍摄一个关于如何掌握新技能的视频,你可能要花上几个小时,甚至几天来规划内容、打磨文案,反复修改。但现在有了AI工具,只需短短几分钟,就能轻松完成任务,让你的视频能真正吸引观众的注意力。

**第一步：打开DeepSeek官网，在网站首页的搜索框里，输入以下指令。**

> 请分析大学生关心的热门话题，列出Top5最受关注的内容方向，每个方向提供3个具体的选题建议。

片刻之后，DeepSeek会提供给你一个整洁而实用的列表，里面清晰地罗列了当前大学生最关注的热门方向，包括学习方法、职场规划、个人成长等。假设DeepSeek推荐的内容中，"如何在一周内掌握一门新技能？"引发了你的兴趣，你应立刻意识到这正是你想要的。因为它足够具体、足够吸引人，也是每个大学生都迫切想要解决的问题。

---

**第二步：让DeepSeek为你创作一篇精彩的口播文案。在DeepSeek的对话框里，输入以下指令。**

> 你是一位学习方法专家，擅长帮助大学生高效掌握新技能。请为我创作两篇300字左右的口播文案，并满足以下要求。
>
> ☑ 标题必须吸引眼球，激发好奇心
>
> ☑ 开头和结尾都要有钩子，吸引用户继续观看
>
> ☑ 内容围绕"如何在一周内掌握一门新技能"展开
>
> ☑ 提供实用、简单的解决方案或建议
>
> ☑ 语言必须口语化、有温度、易懂
>
> ☑ 避免使用违禁词和敏感词汇
>
> ☑ 每篇文案都要有明确的结构：开场钩子、问题阐述、解决方案、收尾钩子

## 📋 输出结果

### 口播文案1　差生自救指南！7天从零到精通的技能速成公式

✓ **开场钩子**："上周我那个挂科三次的学弟用这个方法，居然7天拿下Python基础课，现在教授追着他做项目！"

✓ **问题阐述**：你是不是也经历过——发誓要学PS，结果软件都没打开？收藏了100个教程，却越看越焦虑？90%的人学不会新技能，不是因为笨，而是因为掉进了"假努力陷阱"！熬夜刷课、疯狂记笔记……其实都是无效努力。

> ● **解决方案**
>
> ★ "切片学习法"：把技能拆解成7片蛋糕（比如，学摄影，第1天搞懂曝光三要素，第2天练构图……）每天只吃一块不贪多。
>
> ★ "黄金20分钟法则"：用手机定时器，学20分钟必须停5分钟（大脑最喜欢冲刺跑+休息的节奏）。
>
> ★ "反向教学法"：找3个成品案例模仿（比如，弹吉他先学副歌高潮段），成就感会推着你往前跑。

✓ **收尾钩子**："明晚直播拆解'7天学会剪视频'的实战计划，现在点关注的送独家技能拆解模板！"

---

### 口播文案2　学霸不会说的秘密！用作弊式学习法7天弯道超车

✓ **开场钩子**："我靠这个野路子方法，大四那年7天突击过了法语A1，现在看电影都不用字幕！"

✓ **问题阐述**：为什么有人学什么都快？不是因为他们天赋异禀，而是因为他们掌握了"技能快充密码"！普通人还在傻傻地背单词，聪明人早就找到知识漏洞精准打击。记住：学得快不是拼命，而是会偷懒！

### 解决方案

★ "肌肉记忆作弊码"：睡前闭眼回忆操作步骤（大脑在黑暗中记忆效率提升200%）。

★ 番茄干扰法：学习时故意放轻音乐/咖啡厅白噪声（适度干扰反而会增强专注力）。

★ 进度可视化：用彩笔在日历上画进度条（每完成1天就涂满1格，爽过追剧）。

√收尾钩子："明天揭秘让大脑超长待机的3种'充电零食'，熬夜学习也不累的秘诀就在置顶视频！"

短短几分钟内，DeepSeek就能帮你创作出两篇结构清晰、生动有趣又极具实用性的口播文案。就像是你与朋友们在亲切交谈，既能激发观看者的好奇心，又能提供真实有效的方法，帮助他们快速掌握新技能。

当然，不要忘了在拿到文案后，花一点时间进行微调，使之完全符合你的语气和风格。

利用AI工具的力量，内容创作不再是一场枯燥乏味的苦差事，而更像是一场轻松而富有创造力的对话。你不仅高效地制作出有价值的视频，还建立起了属于自己的清晰且有温度的个人IP。

#### 第三步：AI数字人视频制作

①登录AI超级分身平台。
②选择一个年轻有活力的大学生形象数字人，男生或女生均可。
③将DeepSeek生成的文案复制到平台的文本输入框内。
④选择清晰有力的年轻声音，调整语速为1.2倍，增加一些活力和热情。
⑤点击"生成"，等待约10分钟，视频制作完成。

### 第四步：视频优化与包装

①下载并打开开拍App。
②导入AI超级分身生成的原始视频。
③使用一键剪辑功能，添加动感的转场效果。
④选择一段轻快的背景音乐，音量调至原声的15%。
⑤使用智能包装功能，生成一个展示7天学习法和时钟图案的视频封面。
⑥添加文字特效，在关键词（如定义目标、实践优先）出现时突出显示。
⑦导出最终成品视频，时长约1分钟。

### 第五步：发布与数据分析

①登录抖音、视频号、小红书等创作者账号。
②上传优化后的视频，填写标题：震惊！7天学会新技能的秘密武器，期末不再熬夜。
③添加标签：#学习方法 #效率提升 #大学生必备。
④发布视频，设置最佳发布时间（如晚上9点，大学生晚自习结束后的休息时间）。
⑤24小时后，查看视频数据。
⑥回复热门评论，与粉丝互动，增强黏性。

### 效率提升策略

①使用DeepSeek一次性生成一周的内容主题和文案，如周一讲学习方法、周二谈时间管理、周三说职业规划等。
②创建大学生常用的DeepSeek指令模板，包括不同学科的学习技巧、考试准备等。
③尝试不同的数字人形象和视频风格，比较数据表现，找出最受欢迎的形式。
④使用Zapier连接DeepSeek和AI超级分身，让文案自动导入视频制作平台。

### 注意事项

①确保所有学习方法和建议都经过实践验证，不传播未经证实的速成法。

②在视频简介中注明使用了AI技术，保持透明度。
③定期更新学习方法和职业信息，确保内容与时俱进。
④与真实的学习达人或职场前辈合作，提高内容的可信度和实用性。

> 制作吸引人的短视频并不需要复杂的设备和高昂的成本，也不需要出色的口才和丰富的经验。只需利用AI工具，提出明确问题，调整语气和结构，AI完成剩余工作。
>
> 每天只需1—2小时课余时间，就能完成从确定选题、文案写作到视频制作的全部流程。这个过程像是一次轻松愉悦的对话，你与AI交流思想，再通过AI向观众分享真实有价值的内容。你不仅能掌握新技能，还能帮助他人。持续输出有价值内容，你会获得更多关注和影响力。
>
> 记住，长期成功的关键不是技术，而是你的真诚、热情和真实分享。
>
> 随着个人品牌的建立，这项技能将成为你未来职业发展的坚实资本。勇于尝试，勇于表达自己。在AI的帮助下，讲述你的故事，让世界听见你的声音。

## 5.3 知识补给站　AI时代的创作红利,普通人如何抢占先机

在这个信息爆炸的时代，内容创作已经成为每个人都需要掌握的核心技能。过去，内容创作意味着漫长的思考、反复的修改，以及一轮又一轮的自我怀疑。如今，人工智能彻底改变了这一切。每个人手上都握有强大的工具，普通人需要学会的，是如何巧妙地使用这些工具来讲述自己的故事。

### 1.AI内容创作工具全景

今天，一位创作者的工具箱可能看起来令人难以置信。

举个例子。你打开电脑后，可以选择DeepSeek、ChatGPT或者Claude，这些AI平台能在几秒钟内为你生成高质量的文字内容——从社交媒体文案到营销策略，应有

尽有。如果你需要快速迭代、提取观点或者重新润色内容，那么智谱清言或豆包这些小工具也能帮你轻松做到这一点。

如果你需要制作短视频或进行视觉创作，你可能会用到AI超级分身或百度慧播星AI。前者强调速度和规模，后者则注重细致的个性化定制。你可能还会借助开拍App、Opus Clip或者Runway进行剪辑包装。仅凭一部手机、一台电脑，你就能创作出质量媲美专业团队制作的短视频。

不仅如此，你还能借助Stable Diffusion、Midjourney这些图像生成工具，仅用简单几句话就创造出令人惊叹的视觉效果。这意味着即使你完全没有美术基础，也能轻松创作出极具吸引力的视觉作品。Synthesia这样的多语言AI平台，则能帮你轻松打破语言和文化的边界，让你制作的内容瞬间跨越国界。

## 2.AI内容创作的现状与未来趋势

如今，AI内容创作彻底改变了行业规则。过去成功的创作者，依靠的是独特的才华和坚韧不拔的努力。而现在，一个善于使用AI工具的普通人，也可以迅速登上内容创作的高地。

比如，受欢迎的内容创作模式之一是"DeepSeek+数字人"的组合：DeepSeek负责内容创意和文案撰写，数字人负责生动地呈现这些内容。创作者只需进行轻微的润色与调整，就能轻松打造出引人入胜的短视频。效率如此之高，以至于每天批量生产几十条优质内容都变成了可能。然而，这种高效也带来了新的问题：如何避免内容的同质化？当每个人都使用相同的工具时，创作的真正竞争力究竟是什么？答案是，你的个人声音、独特视角以及与观众真诚的互动。这些是AI无法替代的。

AI的普及甚至催生了新的职业，如"AI提示工程师"，他们的工作仅仅是负责优化AI的输入指令（Prompt），但薪酬却高达数十万美元。这说明，AI不仅没有减少就业机会，反而创造了全新的职业市场。

## 3.AI时代创作者需要牢记的原则

尽管AI带来了巨大的便利，我们也必须保持清醒的头脑。内容的真实与温度，才是保持长久成功的关键。AI能够迅速生成内容，但真正能引起共鸣的是创作者的真诚、洞察力和独特的个人经历。记住以下两点。

● 第一点

　　要持续关注用户反馈。你创作的内容归根结底是给人看的，而非仅仅为了迎合平台算法。用户反馈是你的方向盘，它指引你朝正确的方向前进。

● 第二点

　　真实经验的分享是无可替代的。AI虽然能高效地产出知识点，但故事、挫折、收获和感悟，只有你才能提供。你的个人经历是你区别于AI内容的真正力量所在。AI生成的内容虽好，但总归是人工智能产物，缺少了一点人味儿。你需要为每一条内容注入你的个性、语气和情感。越是真实、有人情味的内容，越容易打动观众。

## 总结

　　这是一个绝佳的时代。只需每天投入1—2小时，依靠AI工具，你就可以持续生产出高质量、有价值的短视频内容。你不仅能帮助他人，还能通过分享逐步树立自己的影响力和品牌。别再等待了，从今天开始，用AI讲述你的故事吧。你会发现，你不仅赢得了观众，更为你未来的职业发展打下了坚实的基础。

# 第六章

## DeepSeek+自媒体矩阵

1人操盘100个账号，AI自动化批量引流1000+

用传统方式经营内容的10个人，居然比不过1个善用AI工具的人！

这句话或许听起来有些夸张，但在AI时代，它的确描述了我们身处的现实：在内容生产领域，一场由AI驱动的革命已经悄然发生了。

## 6.1 案例　AI批量打造爆款养生矩阵账号，单月流量破10亿

● **案例背景**

福建泉州的林氏兄弟（化名）在2023年初开始尝试AI矩阵内容创作。他们敏锐地察觉到AI技术在内容创作领域的巨大潜力，特别是在传统文化和养生这个永恒不衰的话题上。通过深入研究DeepSeek等AI工具，他们成功开发出了一套高效的内容生产和分发系统。

☑ **取得的结果**

☺ **内容规模**：在6个月内，他们成功建立了超过5000个活跃账号，覆盖抖音、快手、小红书等多个平台；

☺ **流量成就**：单月总流量突破10亿，上百个账号单月播放量超过1000万；

☺ **变现能力**：顶级账号月收入突破50万元，平均每个成熟账号月收入3万—5万元；

☺ **私域转化**：累计引流超过500万精准用户到私域，转化率达到15%；

☺ **产品销售**：自主开发的养生课程和产品年销售额突破1亿元。

假设你是一名年轻的内容创作者，你想进入竞争激烈的数字内容市场，但你并没有庞大的团队，也没有丰厚的资金支持。过去，这几乎意味着你的失败已经注定。但如今，AI为你打开了一扇全新的大门。让我们看看一支普通的团队如何借助AI工具，在短短6个月内取得了过去几年都难以企及的成就。

这是一群聪明而敏锐的人，他们精准地抓住了养生这个始终不过时的话题，并迅速研究和掌握了DeepSeek这样的AI工具，建立起一套令人惊叹的内容生产系统。半年内，他们打造了超过5000个活跃账号，覆盖抖音、快手、小红书等几乎所有主流平台。这种规模放在以往，可能需要几十甚至上百名员工每天进行机械的内容创作、审核、发布。

但现在，这支由AI工具驱动的小团队，只需轻轻点击几次鼠标，就能完成传统团队十倍甚至百倍的工作量。

效果同样令人吃惊。他们制作的内容不仅数量庞大，质量也足够优质与吸引人。不到一年时间，就吸引了超过500万名精准用户进入他们的私域流量池，转化率高达15%。而他们自主开发的养生课程和产品，年销售额竟然突破了1亿元。

他们成功的秘诀在哪里？就在于他们巧妙地将AI工具和真实的人性结合在了一起。AI工具替他们完成了烦琐的技术工作，他们得以将精力放在内容的创意、策划与优化上。这使他们能够持续生产有价值、受用户喜爱的内容，并高效地扩大规模。AI创造了新的机会，却也提醒我们必须保持清醒：工具本身并不能保证成功。AI为你节省了大量时间，但真正决定你成功的，依然是你对内容的用心、对用户需求的理解，以及你不断打磨和优化的态度。

这场内容创作的革命才刚刚开始，你是否已经做好准备？

## ✺ 实施方法详解

### 步骤一：内容规模化生产

- 利用DeepSeek批量生成内容，每天产出500—1000条原创内容。
- 开发专门的指令库，覆盖中医、养生、国学等多个细分领域。
- 建立内容审核团队，确保AI生成内容的质量和准确性。

### 步骤二：垂类矩阵运营

- 将内容细分为20多个子类别，如"四季养生""国学智慧"等。
- 为每个子类别创建200—300个特色账号，形成完整的内容生态。
- 利用AI分析工具，实时监控各账号表现，动态调整内容策略。

### 步骤三：私域转化闭环

- 设计智能话术系统，根据用户互动自动生成个性化引导语。
- 开发多层次私域运营体系，包括免费社群、付费课程和高端定制服务。
- 利用AI客服系统，提供24小时用户支持和个性化建议。

## AI矩阵变现的爆款公式

**内容批量生成**
日产出量 = AI生成速度（条/小时）× 运营时间（小时）× 人工优化系数（0.8—1.2）

**垂类账号矩阵化**
账号增长率 = 基础增长率 + 内容质量系数 × 发布频率 + 平台算法偏好度

**私域精准导流**
私域转化率 = 基础信任度 + 内容专业度 × 互动频率 + 个性化服务水平

在过去，一个人的成功可能取决于他的个人才华、机遇或团队规模。但如今，一个普通人仅凭对AI工具的熟练掌握，也能迅速达到甚至超越传统团队难以企及的高度。这正是AI时代赋予每个普通人的全新机遇。

林氏兄弟的故事，正说明了这一切。他们成功的秘诀是一套清晰而高效的策略：用AI技术加速内容生产，再用传统文化的魅力赢得大众的喜爱。他们之所以能够迅速占领市场，原因其实很简单：

**第一，是技术的可行性**

像DeepSeek这样的AI工具，经过几年的发展，已经非常成熟且易用。它们不仅能够生产大量的内容，还能够确保内容具备足够的深度和质量。这意味着，即使你没有庞大的团队和资金，也依然可以生产出媲美专业团队的优质内容。

**第二，是市场的可行性**

林氏兄弟所选择的主题，如养生和国学，从来没有真正过时过。人们对健康、传统文化的兴趣一直存在，而且随着现代生活节奏的加快，这种需求还在持续增长。他们只需确保内容足够有趣、简单、实用，就能够源源不断地吸引新用户。

**第三，是运营的可行性**

借助AI技术，一个人就能管理几千个账号，这在过去简直不可想象。不再需要大量的人力，也不必花费高昂的成本；只需要有清晰的策略、精准的目标，再加上善于使用AI的能力，就能实现快速而持续的扩张。

我们完全有理由相信AI工具将继续革新内容创作与传播的方式。林氏兄弟的成功为我们展现了一个清晰的前景：未来，AI技术会更加精准，内容创作会更加个性化，创作者与用户之间的互动也会更加即时而真实。无论你是谁，只要你善用这些工具，抓住用户真正的需求，你就有机会在AI时代脱颖而出。

这是一个令人兴奋的时代，AI正在重新定义什么是可能的。但请记住，工具永远只是工具，内容创作的核心依然是人性的温度与真诚。只有将你的真实经验和热情与AI高效的技术结合，你才能真正赢得人心。利用AI的速度，保持人性的温度，你才会在这个全新的创作时代真正获得成功。

## 6.2 实操攻略  1人操盘100个账号，AI矩阵玩法揭秘

在AI内容创作时代，成功不再仅仅取决于创作者的才华，而是取决于谁能更高效、更精准地利用AI工具。你可以不懂编剧、不擅表达，甚至完全不了解短视频制作，但如果你能巧妙运用AI，你依然可以打造一个高质量的内容矩阵，轻松获取流量与影响力。

让我们来拆解一个实用的AI矩阵内容制作流程，看看如何用DeepSeek等AI工具快速创作爆款矩阵内容。

### 6.2.1 内容创作——用DeepSeek生成高质量短视频文案

**1.进入DeepSeek，准备输入你的Prompt**

首先，访问DeepSeek的官网（https://www.deepseek.com），在搜索框中输入一个精准优化的Prompt。好的输入决定好的输出，因此你的Prompt必须清晰、具体、有明确要求。

**2.输入优化后的Prompt**

在DeepSeek的对话框中输入以下内容。

> 你是一位拥有30年经验的中医养生专家，精通国学与现代健康理念。请为我创作10条短视频文案，每条100字左右，要求如下。
>
> ● 主题围绕"四季养生"展开，涵盖春、夏、秋、冬四个季节，确保内容全面。
>
> ● 开头必须有吸引眼球的钩子，能让用户在3秒内产生兴趣，愿意继续观看。
>
> ● 内容既体现传统智慧，又符合现代生活方式，用通俗的语言解释中医原理，避免晦涩难懂的专业术语。
>
> ● 提供具体、易操作的养生建议，用户听完就能马上应用到日常生活中，比如，"春季多吃什么？""夏天怎么防暑？"

（1）结尾设置互动问题，提高用户参与度

比如，"你觉得哪种养生方法最有效？"

（2）语言必须通俗易懂，富有亲和力

就像一位长辈在用心分享经验，而不是一堂枯燥的医学课。

（3）每条文案都要包含一个养生知识点

用户不仅能学到方法，还能记住一个实用的健康知识，如"春天要早睡早起，顺应阳气生发"。

## 输出结果

以下为10条符合要求的短视频文案，每条包含季节主题+养生知识+实操建议+互动问题。

### "春·惊蛰篇"

**开头钩子：** "三月吃错菜，郎中跑断腿！你家的荠菜买对颜色了吗？"

**知识点：** 春季肝气旺，青色入肝经

**养生法：** ①每周吃3次荠菜豆腐羹（带根的更祛湿）②晨起拍打腋窝+大腿内侧各36下③睡觉时窗帘留缝，7点前起床接阳气

**互动：** "你春天必吃的野菜是什么？留言区告诉我，抽3人送《野菜图鉴》电子版。"

### "夏·小暑篇"

**开头钩子：** "空调房吃冰西瓜？你的阳气正在悄悄漏光！"

**知识点：** 夏季养心，汗为心之液

**养生法：** ①煮绿豆汤要加3颗桂圆防寒②随身带盐汽水（1升水+2克盐）③午睡时用真丝眼罩护心神

**互动：** "你觉得最解暑的食物是什么？评论区晒图有惊喜福利！"

### "秋·白露篇"

**开头钩子：** "喉咙干痒别急着吃润喉糖！秋梨这样煮效果翻3倍"

**知识点：** 秋气燥，白色食物养肺

**养生法：** ①雪梨挖空塞川贝+百合蒸20分钟②晨起搓热大椎穴③穿V领衫露天突穴通风

**互动：** "你试过最有效的润燥食疗是什么？点赞过千揭秘古法秋梨膏配方。"

### "冬·冬至篇"

**开头钩子：** "手脚冰凉的姑娘记住！三九天的救命菜不是羊肉而是它"

**知识点：** 冬藏肾精，黑色食材补肾

**养生法：** ①黑豆+核桃打米糊当早餐②泡脚时脚趾做"抓毛巾"动作③戴珊瑚绒护腰睡觉

**互动：** "你觉得哪种保暖神器最有用？家人群转发这条冬天不受寒。"

### "春分·昼夜篇"

**开头钩子：** "春分后还在熬夜？你错失了全年最重要的15天调病期！"

**知识点：** 春分阴阳平衡，宜调和气血

**养生法：** ①每天正午晒后背20分钟②喝茉莉花+枸杞的"平衡茶"③衣柜里放香樟木祛湿气

**互动：** "春天你发现身体有哪些变化？抽5人送手作艾草锤。"

### "大暑·祛湿篇"

**开头钩子：** "三伏天喝红豆薏米水的人注意！90%都喝错了时间！"

**知识点：** 午时（11—13点）利排水

**养生法：** ①加炒过的芡实防伤脾②煮水要用细长赤小豆③搭配按压阴陵泉穴
**互动：** "你用过哪些祛湿妙招？收藏过500晒我家祖传祛湿秘方。"

### "秋分·滋阴篇"

**开头钩子：** "嘴唇起皮千万别舔！老中医私藏的'润燥三宝'家家都有"
**知识点：** 秋分燥金当令，宜润肺
**养生法：** ①银耳撕碎+米汤炖出胶②吃葡萄不吐籽（嚼碎）③用加湿器时放橘子皮
**互动：** "你觉得哪种水果最润燥？关注我看百岁老人秋季食谱。"

### "小寒·暖身篇"

**开头钩子：** "穿三件毛衣不如喝对这碗汤！零成本暖全身的秘方"
**知识点：** "头凉脚热"是冬季养生关键
**养生法：** ①当归+苹果煮水（经期前喝）②穿及踝羊毛袜睡觉③如厕时踮脚尖
**互动：** "你有哪些独家保暖秘籍？点赞超1000教你用艾草暖宫法。"

### "清明·排毒篇"

**开头钩子：** "回来别急着洗澡！错过全年最佳排毒期别后悔"
**知识点：** 清明地气升发，宜疏肝
**养生法：** ①采摘嫩桑叶煮鸡蛋②敲打胆经（大腿外侧）③枕芯换晒干的菊花
**互动：** "你们家乡清明必吃哪种青团？评论区让我猜猜你是哪里人。"

### "立冬·进补篇"

**开头钩子：** "冬天吃海参不如吃它！菜市场3块钱的补肾之王"
**知识点：** 冬季咸味入肾，但不可过咸
**养生法：** ①板栗划十字口煮小米粥②泡脚水里加花椒20粒③戴耳罩护肾经（耳通肾）
**互动：** "你家立冬必吃的传统食物是什么？转发给关心的TA温暖过冬。"

## ✳ 为什么这个Prompt有效

**身份设定清晰**——AI会以一位"30年经验的养生专家"身份生成内容，这样输出的内容更具权威性。

**主题明确**——"四季养生"是一个大方向，保证了内容的系统性。

**结构清晰**——开头钩子+实用建议+互动问题，这样的文案结构适合短视频传播。

**强调通俗易懂**——让AI用接地气的语言而不是过于书面化的专业术语表达。

**增强用户互动**——问题引导有助于增强评论区互动，提升短视频的推荐权重。

## ✳ AI生成的内容已经具备一定质量，但仍然需要做人工优化

**调整语气**——让文案更自然，符合你的风格。例如，可以使句子有对话感，让内容更具亲和力。

**增加个性化表达**——如果你是一个年轻的养生博主，可以适当加入一些流行语，让内容更贴近年轻人。

**结合热点**——如果某个季节的养生话题刚好有社会热点，比如夏天流行"冰敷脸"，你可以结合这一热点进行调整。

> 好了，第一步搞定了！你已经用AI生成了10条短视频文案，而且只花了几分钟。换成以前，可能得熬几天几夜，反复修改，才能勉强写出几条。AI的厉害之处就在这里——它让创作变得又快又简单。以前，做内容是拼个人能力；现在，是拼谁能用最省力的方法，做出最多、最好的内容。

### 6.2.2 账号矩阵搭建

#### 1.账号注册与管理

想要在短时间内运营多个养生账号，最聪明的办法是使用一套高效的管理工

具，如"数智宝AI矩阵管理系统"。它能让你一键批量注册抖音、快手、小红书等平台的账号，而不是一个个手动注册，省下大量时间。

注册完成后，给账号分类归档，让它们各司其职。例如：

★ "春季养生"账号分享春季如何养肝护阳
★ "夏季调理"账号讲解如何防暑降温、调节湿气
★ "秋冬进补"账号专注滋补食疗、增强免疫力

这些账号的头像、简介等信息都可以自动填充，每个账号看起来都专业、有条理。

### 2.AI数字人视频制作

不用亲自出镜，也不需要请主播，只需要借助AI技术就能快速量产短视频。步骤如下。

登录即梦AI平台。选择合适的数字人形象。比如，温和稳重的中年女性，适合讲解养生知识；亲切友善的男性形象，适合分享食疗妙招。

（1）把DeepSeek生成的文案直接粘贴到文本输入框内。
（2）语速：设为1.1倍速，让节奏稍微快一点。
（3）语调：设为温和、亲切，像一位知心朋友在分享经验。
（4）重音：在"养生""小妙招"等关键词上加重语气，这样听众更容易记住重点。
（5）设置视频背景，选择简约、温馨的室内场景，如木质桌面+茶杯，或者中式风格的客厅。

点击生成，1—2分钟后，一个完整的AI讲解视频就制作完成了。

### 3.视频包装与优化

虽然AI生成的视频已经成型，但还需要优化，让它更具吸引力。可以使用开拍App进行二次加工。

（1）导入AI生成的视频。
（2）使用一键智能剪辑功能，优化观感：添加流畅的转场，避免生硬切换。
（3）插入相关插图或动画。比如，讲到泡脚时，可以加上泡脚示意图。
（4）自动生成字幕，并调整字体大小、颜色，确保易读。
（5）调整视觉风格：应用滤镜，让画面色调更温暖、舒适。
（6）添加背景音乐：选用轻柔、自然的旋律，音量设为15%，确保不会盖过解说声音。
（7）制作封面：用AI生成吸引眼球的标题（例如：冬天手脚冰冷？3个方法帮你回暖）。
（8）添加养生图标，如艾草、红枣、姜茶等，增强内容相关性。
（9）导出最终成品，确保视频时长在60—90秒，这样更符合短视频平台的推荐逻辑。

### 4.批量上传与发布

一个视频做好后,如何让它最大化曝光?答案是批量上传+智能发布时间。回到"数智宝AI矩阵管理系统",打开批量上传功能。一次性将所有优化好的视频分发到抖音、快手、小红书等多个平台账号,而不是一个个手动上传。

**(1)导入AI生成的视频**

A.早上7—9点:上班前的碎片时间,很多人会刷一刷短视频。
B.晚上8—10点:下班后、睡觉前,正是学习养生知识的好时机。

**(2)启用自动标签功能,这样视频更容易得到推荐**

比如:#养生(大流量标签)#国学(文化相关)#健康生活(泛健康类)
这样,视频会被精准推送给真正对养生感兴趣的人。

### 5.数据监控与优化

账号矩阵的运作并不是"一次性工作",而是一个持续优化的过程。如何知道哪个视频受欢迎?哪些内容需要改进?答案是数据分析。利用数据分析功能,实时监测每个账号的表现。

(1)哪些视频播放量高
(2)哪些话题互动率高
(3)哪些账号涨粉最快
(4)根据数据反馈,不断调整策略
(5)如果某个话题点赞、收藏特别多,就多做类似内容
(6)如果某些账号粉丝增长缓慢,就调整发布时间或优化封面
(7)重点培养表现优秀的账号:提高内容发布频率
(8)复用热门话题和成功模式,放大影响力

在信息爆炸的时代，成功运营矩阵账号，不仅仅是内容创作的问题，更是一场关于策略与工具的精准博弈。通过账号矩阵+AI工具，你可以：

快速搭建多个账号，覆盖各个细分领域，不再局限于单一主题。批量生产高质量短视频，不需要真人出镜，也无须耗费时间剪辑，AI工具会帮你完成绝大部分的内容制作，让创作效率成倍提升。

智能化上传与发布时间优化，利用数据分析，确保每个视频都能在最恰当的时间推送给最匹配的受众，提高播放量与互动率。

数据驱动优化，不断调整内容策略，基于观众反馈和算法推荐机制，让账号的吸引力与影响力持续增长。

当你掌握了这套方法，你的矩阵账号将从零散的内容输出，跃迁到自动化、高效化的全新运营阶段，摆脱"做内容=无休止地创作"这个旧模式，让工具、数据和策略为你服务。

## ⚛ 实操要点：让系统运转更高效

● 想要让这套体系真正发挥作用，以下细节至关重要。

**内容多样化**：不要只局限于文字或视频，尝试制作图表、养生小测试等，让内容更加丰富，以吸引不同类型的用户。

**互动增强**：定期在评论区回复用户的问题，发起讨论，甚至做一些问答类内容，增强账号活跃度，提升粉丝黏性。

**跨平台协同**：不要把所有精力放在一个平台，利用短视频、公众号、小红书等多渠道分发内容，并交叉推广，形成流量闭环，让每一条内容的价值最大化。

**持续学习**：AI工具的更新迭代速度极快，时刻关注新技术、新趋势，不断优化内容制作流程，保持竞争优势。

> **合规性：** 确保所有内容都符合平台规则和相关法规，特别是涉及健康建议时，避免提供误导性信息，保证内容的专业性和可信度。

通过这一整套系统化的实操步骤，你不仅可以迅速建立起一个高效的AI内容矩阵，还能让账号在竞争激烈的市场中脱颖而出。但请记住，工具只是手段，真正的价值来自内容本身。在高效生产的同时，定期加入一些真人专家访谈或案例分析分享，你的账号会更具权威性和可信度，从而赢得用户的长期信任。

最后记住，你的目标不是"生产更多内容"，而是创造真正有价值的内容，让它持续发挥作用。

### 举例　如果你是一位职场人，如何用AI搭建内容矩阵

#### ● 案例背景

在当今职场竞争日益激烈的时代，拥有一套可持续的内容输出体系，不仅能帮你积累影响力，还能打开更多职业发展的可能性。幸运的是，AI的出现让这一切变得更简单、更高效。如何用AI搭建职场内容矩阵？给你一份清晰、实用、可落地的指南。

这份指南不会跟你空谈"提升影响力"这类模糊概念，而是从实操出发，教你如何用AI搭建一个职场短视频内容矩阵，你的职场知识将成为长期资产，而不是短暂的灵光一闪。

## 内容创作——让DeepSeek成为你的"创意发动机"

内容是矩阵的基石。如果你不擅长写作，AI能帮你快速起步。这里使用DeepSeek来生成短视频文案。

**1. 使用DeepSeek生成职场短视频文案**

首先，登录DeepSeek，输入以下优化后的Prompt，让AI生成优质职场内容。

> 你是一位拥有20年经验的职场导师，精通沟通技巧和职业发展策略。
> 请为我创作10条短视频文案，每条100字左右，要求如下。
>
> （1）主题围绕"职场沟通与晋升"展开
> （2）开头有吸引职场人注意力的钩子
> （3）内容既体现职场智慧，又符合现代职场环境
> （4）提供具体、可操作的职场技巧
> （5）结尾设置互动问题，提高用户参与度
> （6）语言简洁有力，富有激励性
> （7）每条文案都包含一个职场小贴士

## 2. AI会快速给你生成10条短视频文案

**标题**：3分钟搞定老板，让你的提案100%通过！

**开头钩子**：还在为提案被驳回而烦恼吗？这个技巧让你瞬间成为会议室主角！

**正文**：PREP法则

- Point（观点）：用一句话说清你的核心想法
- Reason（理由）：给出3个支持你的理由
- Example（例子）：用一个具体案例说明
- Point（重申）：用更强的语气重申你的观点

**职场小贴士**：准备时，先想象老板可能提出的反对意见，提前准备应对策略。

**结尾互动**：你有哪些提案被采纳的经验？来分享一下吧！

---

**职场沟通技巧热点与选题建议**

以下是10条围绕"职场沟通与晋升"的短视频文案，结合痛点、实操技巧与互动设计，符合现代职场需求：

**文案1：升职总轮不到你？因为不会说这3句话！**

**钩子**："为什么每次升职名单都没你？不是能力问题，是'需求错位'！"

**内容**：

- 场景1：汇报时用"我的目标与部门KPI的关联是…"（绑定战略价值）；
- 场景2：被质疑时用"您担心的点是…吗？我补充三点数据支撑"（预判领导焦虑）；
- 场景3：争取资源时用"短期投入X成本，长期可节省Y人力+提升Z效率"（量化说服）。

**互动**："哪句话你最想立刻用起来？评论区告诉我！"

**小贴士**：晋升不是"做得好"，而是"被看到的好"。

---

**文案2：领导说"再想想"=你没听懂潜台词！**

**钩子**："领导对你的方案不置可否？他在等你说出这层'潜需求'！"

**内容**：

- 破解话术：
  1. "您更关注结果稳定性还是创新性？"（明确优先级）；
  2. "是否需要同步其他部门的风险预案？"（展现全局观）；

---

你可以一次性生成50条，然后从中筛选出最优秀的30条，稍作修改后，就可以批量制作视频了。

## 账号矩阵搭建——让AI帮你批量运营多个平台

光有内容还不够,你还需要建立一个能最大限度曝光内容的账号矩阵。

**1.一键批量注册账号**

首先,登录DeepSeek,输入以下优化后的Prompt,让AI生成优质职场内容。

- 使用"数智宝AI矩阵管理系统",批量注册视频号、小红书、抖音等平台账号。
- 设置账号分类,如沟通技巧、领导力提升、职场晋升等。
- 自动填充账号信息,利用AI生成专业头像和简介,让每个账号看起来都像是"真实的职场专家"。

**2.AI生成数字人视频**

登录蝉镜AI,选择合适的AI数字人形象。

- 稳重成熟的男性
- 干练自信的女性
- 表达清晰的中性形象

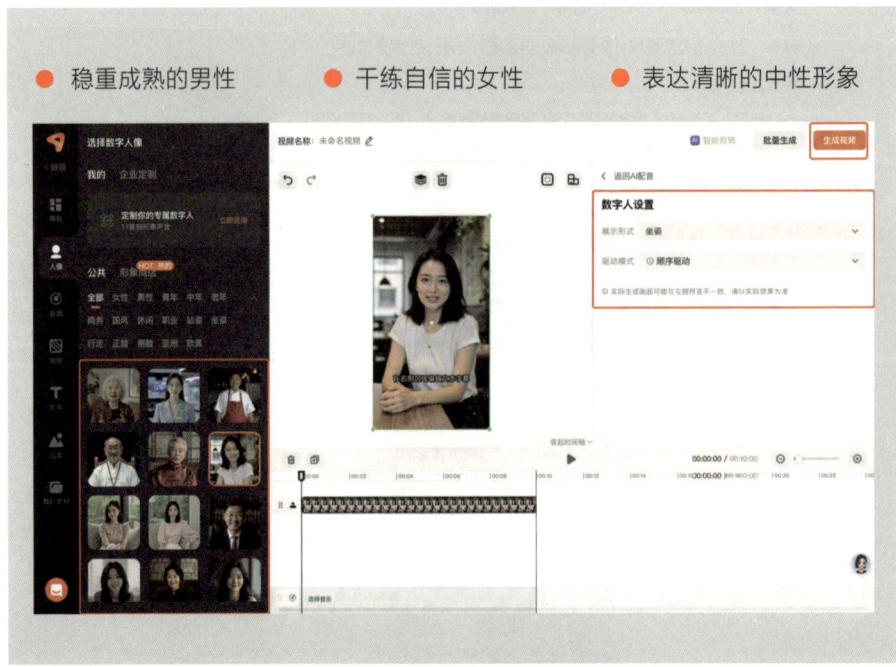

将DeepSeek生成的文案复制进去，并调整语音参数。

- 语速：1.2倍（稍快，体现职场节奏）
- 语调：自信、有力
- 重音：在关键词（如"PREP法则""提案成功"）上加强语气
- 背景：选择现代化办公室或会议室，增强职场感
- 点击生成，AI会在一两分钟内自动输出一个完整的短视频

使用开拍App进行视频优化剪辑：一键智能剪辑，优化画面流畅度。

- 动画：插入PREP法则的可视化图示
- 字幕：自动生成清晰的字幕
- 滤镜：选用专业风格滤镜，增强视频质感
- 背景音乐：选择轻快、积极向上的音乐，并将音量调整为10%
- 导出60—90秒的短视频，确保内容精练有力

## 内容发布与运营——让AI帮助你高效管理

### 1.AI自动发布内容

使用"数智宝AI矩阵管理系统"批量上传视频。

- 最佳发布时间：早上7—9点（上班通勤时间）
- 中午12点—下午1点（午休刷手机时间）
- 晚上8—10点（职场人放松时间）
- 智能标签：#职场技能#沟通技巧#职业发展

### 2.AI运营社群，提高互动

- 智能回复评论：使用AI助手快速回复用户留言，保持活跃度
- 定期发起话题讨论，比如，"你遇到过最棘手的职场沟通问题是什么？"
- 组织线上直播分享：邀请真实的职场专家进行互动，提高权威性

**3.数据监控与优化**

使用数据分析工具监控账号表现，观察哪些内容数据表现更好。

- 点赞最多的：加大投放
- 互动最强的：做系列内容
- 完播率低的：优化剪辑，提高吸引力
- 增强内容多样性：发布职场技能信息图、设计职场小测验、分享真实职场案例

运用这套方法，每天只需不到1小时，你就能持续产出高质量职场内容，构建专业职场人设，提高影响力，形成长期稳定的流量矩阵。但要记住，AI虽然能提高效率，但真正吸引人的内容，来自你的职场经验和思考。

定期加入你的案例分析和经验，让内容更具说服力和差异性，才是长期成功的关键。如果你希望在职场中有影响力，现在就是最好的起点。

## 6.3 知识补给站　为什么AI矩阵将成为未来内容创作的必然

过去，进行内容创作就像一个人独自划船，写文章、拍视频，全靠自己一点点做出来，费时又费力。但现在，人工智能已经彻底改变了这一切。就像过去的人靠写信交流，现在我们用手机就能发消息。AI让内容创作进入了智能化时代。

AI矩阵运营，就是利用人工智能的力量，批量生产内容，并且精准投放到各个平台。像以前的"一个人一篇文章"，现在的玩法更像是"一个团队同时生产几十篇文章、几十个短视频"，让内容在短时间内覆盖更大范围，以提升曝光度和影响力。

这个新方法不只能提高速度，更关键的是，它让创作变得更加科学和可控。过去你可能是凭感觉发一篇文章，现在AI可以帮你分析数据，告诉你什么内容更容易火、在哪个平台更容易被看到，甚至自动帮你优化标题、调整表达方式，让内容更吸引人。如果你还停留在过去的创作方式，可能会发现想脱颖而出越来越难。因为有些人已经开始用AI把内容做成了矩阵，用更聪明、更高效的方式抢占流量。

## 6.3.1 为什么必须布局AI矩阵

数字世界的变化从不等待任何人，尤其是在内容创作这个战场上。如果你还在苦苦经营单账号，希望凭借一条短视频、一篇文章一夜爆红，那么现实可能会让你大失所望。业内专家普遍认为，短视频的黄金红利期只剩下五年左右，市场正在迅速饱和。单打独斗的时代正在消亡，矩阵化运营才是未来的生存法则。

### ☑ 我们来看看两个惊人的数据

- ☺ 单账号月收入突破10万元的概率不到3%。这意味着，依靠单一账号实现财务自由几乎是一场赌博。
- ☺ 相比之下，采用矩阵化运营的方式，月收入突破10万元的概率高达62%。更惊讶的是，其运营成本仅为传统营销方式的十分之一。

这些数字揭示了一个真相：内容创作已经进入"规模化智能运营"阶段，单个账号的竞争力正在被稀释。

● **为什么会这样**

**答案很简单，用户的注意力正变得越来越分散。**

你的潜在观众可能同时刷着多个社交软件，被各种内容包围。如果你只依靠一个账号、一种内容形式，想要在人群中被看到，难度只会越来越大。而AI矩阵运营的核心优势，就是用批量化、多账号、多平台的方式，让你的内容出现在更多地方，抢占更多的曝光机会。

想象一下，你每天发布10条视频，而你的竞争对手只发布1条。你每周能触达100万用户，而他只能接触到10万。谁能赢得这场流量战争？答案显而易见。想在内容创作领域站稳脚跟，你需要的不只是"更好的内容"，还有更聪明的运营策略。AI矩阵不是未来，而是现在。

## 6.3.2 AI矩阵运营：重塑内容创作的未来

在信息爆炸的时代，内容创作的游戏规则正在被AI彻底颠覆。曾经，创作是一个人的战斗，一篇文章、一条短视频，全凭创作者的灵感和努力。但今天，AI矩阵运营正在重新定义这一切，它让内容生产变得更高效、更精准、更具规模化。**为什么AI矩阵能带来如此巨大的影响？核心在于三个强大的优势。**

**1.批量曝光：让你的内容无处不在**

过去，内容创作者往往需要一个账号一个账号地运营，靠着日复一日的坚持，逐步积累流量。但在社交媒体注意力极度分散的今天，单一账号已经无法撑起持续的曝光。

AI矩阵运营的核心策略是"多点开花"，即运营多个账号，让内容覆盖不同的用户群体，从而大幅提升曝光率。想象一下，你的内容不再只依赖单一账号，而是同时出现在十个甚至上百个账号上，流量池的规模被成倍放大，传播效果远超传统方式。如果把单账号运营比作一座孤岛，那么AI矩阵就是一座桥梁网络，它连接起更多的流量入口，让你的内容始终处于用户的视线之中。

**2.智能内容池：解决"创意枯竭"难题**

创作者面临的最大难题，就是如何持续产出高质量的内容。传统内容创作依赖个人灵感，一旦遇到瓶颈，就可能陷入停滞。但AI矩阵运营不再依赖单一创作者的灵感，而是建立"智能内容池"，让内容生产成为一个可持续的流程。

AI可以通过数据分析精准捕捉用户的兴趣点，自动生成适配的内容，并进行优化调整。这种方式不仅能大幅提高内容产出效率，还能保证内容质量的稳定性。

更重要的是，AI矩阵能够让每个账号保持差异化，避免"千篇一律"的问题。例如，同样一个核心观点，AI可以用不同的表达方式进行拆解，在不同的账号上呈现不同的内容风格，从而扩大受众覆盖面。

**3.闭环转化模型：让流量变现更高效**

流量本身没有价值，关键在于如何转化。传统的内容营销往往存在断点。比如，视频吸引了流量，但用户无法顺畅地进入转化路径，最终导致流量流失。而AI矩阵运营的最大优势，就是能够构建完整的闭环转化模型。从公域流量获取到私域沉淀，再到精准成交，AI矩阵让每一个环节都可测量、可优化，这极大地提高了转化效率。

更重要的是，这种模式可以不断学习和迭代，利用AI分析用户数据，优化推送策略，提升用户的转化率和复购率。这意味着，流量不仅能带来短期收益，还能成为长期资产，为未来的内容创作提供持续增长的动力。

**"DeepSeek+AI矩阵已经能实现一周5位数收入！"**

这样的案例在社交媒体上越来越多，虽然其中不乏夸大成分，但毫无疑问，AI矩阵运营的潜力已经得到广泛认可。越来越多的内容创作者开始尝试这种新型的运营方式，希望借助AI的力量，实现内容规模化和收益最大化。然而，任何技术都有它的两面性。过度依赖AI可能带来内容同质化、原创性下降的问题，甚至会引发法律和伦理争议。在追求效率的同时，创作者需要始终保持对内容价值的思考，确保内容的真实性、独特性和可持续性。

AI矩阵不是简单的工具升级，而是一场内容生产的工业革命。它就像当年的工业流水线，把传统的"手工制造"变成了"规模化生产"。未来，"内容工厂"的概念可能会成为现实，创作将不再是个体努力，而是一个智能系统的协作产物。AI矩阵运营将成为决定市场格局的关键。掌握AI工具并能将其与创意和策略结合的创作者，将在内容战场上取得绝对优势。我们可能会看到一批"AI内容大亨"的崛起，他们用AI矩阵在短时间内构建起庞大的内容帝国，占据更多流量入口。仍然依赖传统创作方式的个体创作者，将越来越难以在竞争中脱颖而出。

在信息过载的时代，获取用户的注意力变得越来越难。AI矩阵运营提供了一种全新的可能性，让创作者能够以更低的成本、更高的效率，覆盖更广泛的用户群体。如果说过去的流量红利是"早入局"，那么未来的流量红利则是"用AI放大你的影响力"。创意+AI工具，才是未来内容创作的标配。

### 总结

AI矩阵运营已经不是趋势，而是现实。只有那些懂得借助AI力量并能巧妙结合创意与策略的内容创作者，才能在这场变革中立于不败之地。你准备好了吗？

# 第七章

## DeepSeek+直播变现

**1人=100个主播，24小时不眠不休狂卖**

在直播电商竞争白热化的当下，虚拟主播正成为中小商家突围的"利器"。真人主播高昂的薪资、频繁的跳槽风险，叠加直播间场地、设备、团队三班倒等运营成本，让现金流有限的小商家不堪重负。虚拟主播凭借7×24小时全时段覆盖、多语种智能交互、零人力成本等优势，不仅能实现降本增效，更能突破时空限制，捕捉碎片化流量。从跨境电商到本地生活服务，从政务大厅到视频号矩阵，这场由AI驱动的"数字人革命"正在重构直播业态的底层逻辑。

## 7.1 案例1　家电巨头如何用72小时AI无人直播创造2100万GMV

● **案例分析**

在数字营销战场上，某家电巨头用一场72小时的AI无人直播，打破了传统直播的极限，最终创下2100万GMV的惊人战绩。这不仅是一次技术突破，更是AI驱动商业模式革新的典型案例。这场直播的核心问题是没有真人主播，AI如何实现如此高效的转化？

### 7.1.1　DeepSeek智能脚本：AI如何精准"逼单"

传统直播依赖主播的经验和应变能力，而AI直播则通过数据驱动，让整个销售流程变得更加精准和高效。

**实时抓取竞品价格，自动生成紧迫感话术**：AI实时监控市场价格变化，一旦发现竞品降价，立即调整话术，制造"限时优惠"的紧迫感，推动观众下单。

**智能分析销售数据，优化推荐逻辑**：过去的直播推荐全靠主播的经验，而AI能基于历史销量和用户购买趋势，动态调整产品推荐顺序，确保最有可能成交的产品始终在最佳曝光位。

**个性化促销策略，提高下单转化**：AI会根据不同时间段的观众画像，自动调整产品介绍方式、折扣力度，让每一位观众都能感受到"专属优惠"。

## 7.1.2 多模态互动：如何让AI直播不再"机械化"

观众不会买冷冰冰的机器人的单，AI要做的不仅是讲解产品，更是营造"互动感"。

**AI分析观众行为，实时优化直播策略**：直播间里，AI会追踪观众的停留时间、点赞频率、评论活跃度，实时调整促销节奏。例如，如果某款产品的介绍时间过长，导致观众流失，AI会自动缩短介绍时间，提高转化率。

**智能对话系统，提高观众参与感**：AI具备自然语言处理能力，能够实时回答用户问题，并智能总结高频问题，优化话术，做到"千人千面"的直播。

**计算机视觉增强产品展示**：传统直播只能靠主播手持展示产品，但AI能用360度建模，在屏幕上以更直观、更细节化的方式呈现产品，增强用户的信任感。

## 7.1.3 智能场景模拟：AI如何让观众"身临其境"

在过去，消费者只能依赖主播的讲解来理解产品的使用场景。这家家电巨头的AI直播，直接为每个产品打造了虚拟家庭场景，让消费者"看到未来的生活"。

**个性化场景推荐，让产品更具吸引力**：AI会根据观众画像，匹配适合的使用场景。例如，家庭主妇观看直播时，背景可能是厨房，AI会展示冰箱的收纳空间；年轻人观看时，场景可能是客厅，突出电视的高端音效。

**实时调整场景，提高用户沉浸感**：AI还能根据用户反馈，即时调整展示方式。例如，如果发现"洗衣机静音"是用户最关心的点，AI会切换到"夜晚模式"场景，展示其低噪声表现，从而加强产品吸引力。

### 7.1.4 数据驱动优化：AI如何实现"千场千面的智能直播"

**AI直播的最大优势，就是能够让每一场直播都成为数据优化的实验场。这家家电巨头的AI不仅会分析直播数据，还会实时调整直播策略，以达到最佳成交效果。**

**全方位数据分析，实时优化直播表现**：传统直播可能需要一天或更长时间进行数据复盘，但AI可以实时追踪观看人数、互动率、转化率，并在直播过程中即时调整策略。

**智能调整话术、产品顺序、促销力度**：如果某款产品的销售表现不佳，AI会快速调整话术、换一种推荐方式，甚至直接调换产品顺序，优先展示更受欢迎的产品。

**不断学习，优化每一场直播**：AI的学习能力意味着，每一场直播的表现都会成为下一场直播的优化数据，整个运营体系会变得越来越精准、高效。

● **总结：AI+数据+场景**

　　这家家电巨头的成功并非偶然，他们利用AI的智能计算能力，在内容、互动、数据优化三个层面形成了一个闭环，让直播不再依赖人工，而是变成了一个可自动运转的销售引擎。这个案例不仅展示了AI直播的可行性，更预示了未来零售、营销、内容创作的智能化方向。72小时2100万GMV，或许只是AI直播商业化的一个开始。

## 7.2 案例2  杭州火锅店如何用AI后厨直播使转化率提升175%

● **案例分析**

在餐饮行业，透明度是信任的基石。而杭州某火锅店选择了一种极具颠覆性的方式来建立这种信任——让后厨24小时直播，全程向顾客开放。这是营销策略，还是一场"豪赌"？

在过去，餐厅的后厨通常是隐藏的，顾客只能凭菜单和服务员的推荐来判断食物的质量。而这家火锅店打破了行业惯例，不仅向全世界展示自己的后厨，还利用AI直播技术，实现了智能互动，用户在屏幕前"沉浸式参与"餐厅的运营。结果令人惊喜：**深夜档流量反超黄金时段，整体转化率提升175%。**

他们是怎么做到的？关键在于"透明+互动+个性化"的策略。

### 7.2.1 全景摄像头：把后厨变成直播舞台

传统餐饮行业的直播，多半是美食探店或者厨师表演。但这家火锅店选择了最直接、最大胆的方式——让顾客看到整个烹饪过程，从食材处理到出锅摆盘，一览无遗。

**后厨全方位无死角展示：** 他们在后厨安装了360度全景摄像头，摄像头不仅能捕捉大厨翻炒、刀工展示的精彩瞬间，还能细致展现食材的切割和调配，让顾客看到食物从原材料到美味佳肴的全过程。

**AI智能切换最佳视角**：AI能够识别不同烹饪区域的动态，自动调整镜头角度。例如，当厨师在炒菜时，摄像机会自动聚焦锅里的烹饪画面；当食材被切配时，镜头会自动切换到案板区域，确保观众始终能看到最关键的画面。这种透明度不仅增强了顾客的信任感，还让烹饪本身成为一种内容消费，观众能够享受"看"饭的乐趣。

## 7.2.2 AI实时解说：让直播更具信息价值

对于大多数人来说，看后厨直播是有趣的，但如果没有解说，很多操作的意义就难以理解。AI的加入，让这一问题迎刃而解。

**AI自动识别烹饪步骤，智能解说**：计算机视觉能够自动识别厨师的动作，并匹配相应的解说文案。例如，当厨师在涮羊肉时，AI会自动解说："上等羊肉的最佳涮烫时间是8秒，以保持鲜嫩口感。"

**实时回答观众提问，提高互动率**：观众在弹幕中提出的问题，如"这道菜用了什么调料？""牛肉为什么要提前腌制？"，AI助手可以立即识别并自动生成回答，甚至提供更详细的补充信息，比如，推荐合适的蘸料搭配。这种AI驱动的实时解说，让原本"只是看看"的直播，变成了一种带有知识性的"沉浸式美食课堂"。

## 7.2.3 智能互动系统：让观众参与烹饪

直播不仅仅是"看"，更应该是"玩"。这家火锅店用AI打造了一套智能互动系统，观众可以"参与"餐厅的运营，甚至影响食物的制作过程。

**个性化定制**：观众可以提出烹饪要求，以弹幕的形式输入个性化需求，比如"少盐""多加点辣椒"，AI会分析这些需求的可行性，并将指令传达给厨师，实现真正的"弹幕定制"。

**虚拟厨师形象，与观众趣味互动**：这家火锅店还设置了一个"AI厨师"，通过语音合成技术与观众进行幽默互动。比如，"这道菜放不放香菜？请投票决定！"这种游戏化体验，让观众感到自己真正参与了食物的制作过程，从而提高了品牌的黏性。

### 7.2.4 食材溯源：用区块链建立信任

**食品安全是消费者最关心的问题之一。为了让顾客放心，这家火锅店引入了区块链技术，实现食材全链路可追溯。**

**展示每种食材的来源和运输过程**：观众可以在直播中直接点击某种食材，屏幕上会弹出该食材的供应商信息、生产批次、物流轨迹，食材的来源清晰透明。

**AI自动生成营养价值和搭配建议**：例如，当顾客点餐时，AI会基于数据推荐进行最佳搭配。比如，"建议搭配蔬菜，提高膳食纤维摄入""这道菜适合配乌龙茶，减少油腻感"等。

### 7.2.5 深夜营销策略：抓住夜猫子的胃

**深夜，直播间的人数不降反增，这说明很多人在深夜时段更容易被美食诱惑。于是，这家火锅店利用AI分析夜间流量的特征，制定了一套"深夜营销策略"。**

**推出"深夜专享"套餐，激发即时消费**：AI分析夜间观众的消费习惯，发现夜间用户更倾向于点小份量、高口味刺激的食物，于是专门推出"深夜麻辣锅+夜宵小吃"套餐，并在直播间限时促销，营造紧迫感，促成转化。

**投放"情绪营销"内容，刺激下单**：AI使用情感分析技术，根据观众的互动状态，投放不同的营销内容。对于活跃的用户，AI会推送更热烈的氛围，比如，"夜宵局，必须整一锅！"对于情绪较低的用户，AI会推荐温馨的文案，比如，"夜深了，一碗暖心热汤最治愈。"深夜流量直接反超黄金时段，订单量大幅增长。

● **总结：透明+互动+个性化**

这家火锅店之所以成功，绝不仅仅是因为"24小时直播"。他们通过AI技术，将后厨直播从单纯的透明化升级为一个集信任建立、用户互动、个性化推荐于一体的完整商业模式。

## ☑ 核心方法论可以归结为3点

**透明化运营**：用全景摄像头+区块链溯源，让食材和制作过程完全可见，建立用户信任。

**深度互动**：AI智能解说、个性化点餐、弹幕互动，用户不仅能观看，还能"参与"。

**个性化营销**：AI分析用户行为，推出精准的套餐和营销内容，实现更高转化率。

这场AI驱动的直播革命，不仅仅是餐饮行业的突破，也预示着未来各行各业都可能迎来"智能透明化+深度互动"的新商业模式。毕竟，在这个信息爆炸的时代，最聪明的品牌，不仅仅在销售产品，还要让用户真正成为品牌的一部分。

## 7.3 案例3  宝妈如何用AI直播实现零经验单日GMV破百万

### ● 案例分析

在过去，直播带货是一项极具挑战的工作，需要掌握产品知识、销售话术、用户互动技巧，还要长时间待在镜头前，维持状态。对于没有经验的新人来说，这几乎是不可能完成的任务。

但现在，直播的门槛被AI彻底打破。

张女士，一位全职宝妈，零直播经验，凭借一部智能手机，在短短几个月内实现了单日GMV破百万，单月佣金收入超5万元。她是如何做到的？关键在于"AI赋能+数据驱动+移动便捷"。

### 7.3.1 AI人设打造：如何塑造一个让人信任的主播

**直播的本质，是人与人的连接。没有经验的新人，如何快速建立自己的影响力？答案是：AI帮你设计最适合你的主播形象。**

**AI分析目标受众，精准定位人设**：AI会分析市场数据，识别出目标观众的偏好。比如，她们喜欢哪种类型的主播？关注哪些话题？更愿意购买哪些产品？

**智能匹配主播风格，打造可信IP**：结合数据，AI助手帮助张女士打造一个符合受众期待的主播形象。例如，她的目标群体是年轻妈妈，AI建议她以温暖、实用、懂生活的形象出现，并推荐符合这一形象的语言风格、服装选择、直播场景。

### 7.3.2 智能选品系统：AI如何帮她精准选货

**一个成功的直播间，选品比主播本身更重要。没有经验的新人，如何确保选到既符合市场趋势，又能保证转化率的产品？**

**AI自动推荐最优商品组合**：AI会抓取市场大数据，分析当前流行趋势、用户购买习惯，为张女士筛选最具潜力的产品。比如，如果AI发现最近"轻量级婴儿推车"销量暴增，它会建议张女士重点推广这类产品。

**智能调整产品展示顺序，优化销售节奏**：在直播过程中，AI能实时监测观众反应、销售转化率,并调整产品排序。例如,如果某款商品的点击率和互动率很高,但转化率较低,AI可能会自动调整话术或促销策略,以提升成交率。

### 7.3.3 自动化直播:如何让直播"自己跑起来"

**张女士不需要整天坐在直播间里。她的直播,AI全自动完成。**

**AI定时开启/关闭直播,不需要人工操作**:传统直播需要人工控制直播时间,而AI可以按照预设日程,自动开启和结束直播,确保全天候覆盖不同时间段的观众。

**智能语音系统模仿张女士声音,全天候讲解**:AI可以学习张女士的语音特点,并生成自然流畅的语音解说,确保直播间始终有人在介绍产品,即使她在带娃、休息,也不会影响直播的进行。这意味着,她的直播间可以24小时不间断运营,而她只需要定期调整品类和策略,这极大地提高了时间利用率。

---

### 7.3.4 个性化互动:AI如何让直播更有温度

**直播不仅仅是为了展示产品,更重要的是互动。让观众感受到被关注、被理解,才是成交的关键。**

**AI自动识别老顾客,提高复购率**:直播间里,AI可以追踪用户的历史购买记录,当老顾客进入直播间,AI会自动向她推荐之前买过的产品的升级版,或者提供个性化的购买建议。

**智能情感分析,调整互动策略**:AI能通过语音、文字分析观众的情绪,如果检测到某位用户的兴趣度下降，AI会自动推送一条更有吸引力的互动话术，比如，"亲爱的，你是不是在犹豫？这款产品我们30天无理由退换哦！"这种个性化互动让每一位观众都能感受到专属感。

## 7.3.5 数据驱动优化：AI如何帮她不断提高销售额

直播不是一次性的，最关键的是不断优化。

**AI实时分析直播数据，找出最优策略**：AI会监测观看人数、互动率、成交率等关键数据，找出用户最喜欢的产品、最有效的销售话术、最容易成交的时间段，并自动优化直播内容。

**动态调整话术和促销力度，提高GMV**：例如，如果AI发现"限时折扣"话术的转化率更高，它会在直播过程中自动提高这种话术的使用频率，让成交率进一步提升。这意味着，每一场直播都比上一场更精准、更高效。

## 7.3.6 移动端一体化：让直播变成"随身生意"

传统直播需要电脑、设备、团队，而张女士的直播，只靠一部手机就能完成。

**开发移动端AI直播管理系统**：这个系统集成了AI选品、语音播报、互动优化、数据分析等所有核心功能，张女士只需要在手机上进行简单设置和监控，剩下的全由AI完成。

**远程操作，随时调整直播策略**：她可以在任何地方管理直播。在家带孩子时，她可以用手机查看直播数据；在超市购物时，她可以远程调整促销方案。直播变成了一门"随身生意"，不再受时间和地点的限制。

● **总结：AI赋能+数据驱动+移动便捷**

张女士之所以成功，并不是因为她比别人更有经验，而是因为她选择了一种更聪明、更高效的直播方式。她的核心方法论可以归结为以下3点。

1.AI赋能 → 让AI打造主播人设、优化话术、自动运营直播
2.数据驱动 → 让AI分析市场趋势、调整品类、优化销售策略
3.移动便捷 → 让AI直播完全可移动化，随时随地管理

这种模式极大地降低了直播的门槛，零经验的人也能快速上手，并取得成功。

★ **AI直播高GMV公式**

如何让你的直播业绩起飞？

**AI直播高GMV=DeepSeek智能话术 × 个性化互动引导 × 多模态智能交互 × 场景化展示 × 数据驱动优化 × 移动端便捷操作**

直播不再是高门槛的工作，AI让每个人都有机会成为超级主播。未来的成功者，不是那些会直播的人，而是那些懂得让AI帮自己直播的人。

## 7.4 实操攻略　手把手教你AI直播，5分钟生成数字人带货

### 7.4.1 DeepSeek智能脚本生成

1. 登录DeepSeek，进入对话界面。

2. 输入精心设计的Prompt。

> **输入示例**
>
> 你是一名资深家电直播带货主播，擅长创造吸引力强、转化率高的话术。请为以下5种家电产品各生成一段50—100字的促销直播话术。每段话术都应包含吸引人的开场白和强有力的促单结尾。产品包括：智能冰箱、空气净化器、全自动洗衣机、智能电视、多功能电饭煲。

**家电直播促销话术创作**

你是一名资深[家电直播]带货主播，擅长创造吸引力强、转化率高的话术。请为以下5种家电产品各生成一段50-100字的促销直播话术。每段话术都应包含吸引人的开场白和强有力的促单结尾。产品包括：[智能冰箱、空气净化器、全自动洗衣机、智能电视、多功能电饭煲]。

已深度思考（用时 20 秒）

好的，用户让我帮忙为五种家电产品生成促销直播话术，每段需要吸引人的开场和强有力的促单结尾。首先，我需要分析每个产品的卖点和目标客户的需求。

智能冰箱的话，应该强调智能化管理、食材保鲜和省电。可能用户关心的是食物不浪费和方便管理。开场可以用"家人们看过来！"吸引注意力，然后介绍智能大屏和食材管理功能，最后用限时优惠和赠品促单。

空气净化器的话，现在空气质量大家都很重视，特别是家里有小孩或老人的。需要突出净化效果、静音和智能检测。开场可以用"呼吸健康才是真奢侈！"来引起共鸣，然后说明除菌率和手机控制，结尾强调健康投资和折扣。

全自动洗衣机，用户可能看重省时省力和大容量。可以强调洗烘一体和智能感应，开场用"解放双手的神器来了！"抓住痛点，然后举例日常使用场景，最后用折扣和赠品催促下单。

智能电视，重点在画质和智能功能，比如4K和语音控制。开场用"家庭影院级享受搬回家！"吸引视觉体验，提到MEMC和语音搜索，结尾用折扣和赠品制造紧迫感。

多功能电饭煲，针对喜欢做饭或忙碌的人，强调多功能和智能菜单。开场用"厨房小白秒变厨神！"吸引想轻松做饭的人，介绍各种烹饪模式和预约功能，最后用折扣和赠品促单。

给 DeepSeek 发送消息

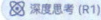深度思考 (R1)　联网搜索

3. DeepSeek立即生成高质量、强转化话术。以下是一个输出示例。

**家电直播促销话术创作**

【智能冰箱】
"家人们看过来！这台智能冰箱就是你的24小时食材管家！顶部的21英寸智能大屏能实时监控食材新鲜度，语音下单买菜还能自动录入保质期提醒。看这个-24℃深冷锁鲜区，三文鱼放一周都像刚切的一样！现在下单立减800，前50名还送价值399的真空保鲜套装！点击下方购物车，三二一上链接！错过今天再等一年！"

【空气净化器】
"呼吸健康才是真奢侈！这台净化器搭载航天级五重滤芯，甲醛净化率99.97%，PM2.5数值30秒可见下降！手机APP实时监测空气质量，睡眠模式比翻书声还轻！现在直播间专属价直降600，再送3套原装滤芯！家人们，健康呼吸不能等，家里有老人小孩的赶紧抢！倒数10秒库存告急！"

【全自动洗衣机】
"解放双手的神器来了！12公斤超大容量+AI智能感应，真丝衬衫和牛仔外套能一锅洗！蒸汽除菌洗比手洗还干净，烘干功能让你告别梅雨季的霉味！现在下单享3期免息，前100名加赠价值299的洗衣凝珠大礼包！姐妹们，点击右下角小黄车，现在下单明天就让你家阳台空无一物！"

【智能电视】
"把电影院搬回家！这款85英寸巨幕电视搭载量子点矩阵背光，2000尼特峰值亮度让每个细节都发光！MEMC运动补偿看球赛零拖影，AI语音遥控老人小孩都能用！现在直播间破价直降3000，下单再送腾讯视频年卡+挂架安装！家人们，现在点购物车锁单的，额外赠送蓝牙游戏手柄！手慢无！"

【多功能电饭煲】
"厨房小白秒变厨神！这款电饭煲能做柴火饭、煲仔饭、酸奶、蛋糕甚至还能炖鸡汤！3mm厚釜内胆受热超

内容由 AI 生成，请仔细甄别

4.根据需要，可以要求DeepSeek进行话术优化或生成更多变体，以满足不同场景和受众的需求。

## 7.4.2 直播间搭建

**1.选择AI数字人平台**

（1）打开百度慧播星：https://huibo.baidu.com/

（2）注册账号并登录。

### 2. 克隆品牌IP形象

（1）上传品牌代言人或理想主播形象的照片。
（2）使用AI技术生成与品牌形象匹配的数字人主播。

### 3. 设置直播间

（1）选择适合产品的虚拟背景或实景。
（2）上传产品3D模型或高清图片，设置展示位置。

### 4. 导入DeepSeek生成的话术

（1）将DeepSeek生成的话术复制到AI平台的脚本输入区。
（2）调整语速、语调，确保自然流畅。

### 5. 设置智能互动模块

（1）配置自动弹幕回复规则，如常见问题答复。
（2）设置促销提醒触发条件，如观看时长达到特定时间。
（3）配置优惠券自动发放规则，如互动达到一定次数。

### 6. 测试和优化

（1）进行小范围测试直播，检查AI主播表现和互动效果。
（2）根据测试结果，调整话术、互动规则等。

### 7. 启动全天候直播

（1）设置直播时间表，可以24小时不间断或选择特定时段。
（2）一键启动AI直播，开始全自动运营。

## ★ AI直播互动案例示范

### 1. 观众进入直播间

AI自动欢迎："欢迎草莓小姐姐光临我们的智能家电直播间！今天我们有超值特惠哦。看到喜欢的记得给主播点个关注，还能额外获得88元优惠券呢！"

### 2. 用户询问产品问题

用户："这款冰箱的容量是多少？"

AI回答:"亲爱的,这款智能冰箱总容量是450L,冷藏室300L,冷冻室150L,完全满足4—6口之家的需求哦!而且它的智能调温功能可以让每一种食材都保持最佳状态。现在下单还能享受限时优惠,要不要考虑带一台回家呢?"

**3.互动抽奖**

AI主播:"宝贝们,我们的互动人数已经突破1000啦!现在开启超级幸运抽奖,抽中的幸运儿可以获得价值999元的空气净化器一台!想参与的宝贝快快在弹幕区输入'我要健康空气'!"

**4.限时秒杀**

AI主播:"注意啦!接下来5分钟,我们的智能电视将开启超级秒杀模式。原价5999,现在只要3999!而且前50名下单的还送价值699的音响!手快有,手慢无,快快行动吧!"

**5.个性化推荐**

AI识别到常客:"哇,是我们的老朋友小王啊!上次您购买的洗衣机用得还满意吗?考虑到您家的需求,我觉得今天这款多功能电饭煲很适合您哦。它不仅可以煮饭,还能煲汤、蒸菜、做酸奶,绝对是家庭的得力助手!"

**AI直播不仅能够精准回答问题,还能根据不同情况灵活插入促销话术,创造个性化的购物体验,有效提高用户参与度和转化率。**

### 举例1　服装行业AI直播销售

在服装行业,直播销售已经成为获取流量和提升转化率的核心手段。然而,传统直播面临诸多挑战——主播人力成本高、直播时间有限、话术质量参差不齐。AI直播的出现,彻底改变了游戏规则。想象一下,一个没有真人主播的直播间,24小时不间断销售,话术精准切中用户痛点,互动基于实时数据不断优化。这样的直播,你觉得它比真人差吗?答案是:不仅不会差,甚至可能更胜一筹。下面详细拆解如何运用AI技术,搭建一个全自动化、高转化率的服装直播间,让销售像滚雪球一样,持续增长。

# 用DeepSeek生成高转化率话术

**1.进入DeepSeek智能脚本系统**

在DeepSeek平台注册并登录账号，进入对话界面。

**2.输入精心设计的Prompt**

好的AI输出，始于精准的输入。在对话框中输入以下Prompt，确保AI生成的内容符合销售逻辑。

"你是一名专业的时尚服装直播主播，擅长创造吸引力强、转化率高的话术。请为以下5种服装产品各生成一段80—120字的促销直播话术。每段话术都应包含吸引人的开场白、产品特点介绍和强有力的促单结尾。产品包括：夏季轻薄防晒衣、高腰阔腿牛仔裤、印花oversize T恤、小香风套装、百搭小白鞋。"

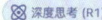

## 输出结果

**夏季轻薄防晒衣**

"姐妹们看过来！三伏天救命神器来了！这款防晒衣UPF50+防晒指数能隔绝99%紫外线，冰丝材质上身3秒降温，比吹空调还凉快！后背蜂窝透气孔设计走路带风，防晒不闷汗。看看这个奶油杏色，搭配吊带裙秒变温柔小姐姐！库存只剩最后50件，现在下单立减30元还送冰袖，3！2！1！上链接！手慢的姐妹明天只能顶着太阳哭咯。"

时尚服装直播促销话术创作

1. 【夏季轻薄防晒衣】
"姐妹们看过来！三伏天救命神器来了！这款防晒衣UPF50+防晒指数能隔绝99%紫外线，冰丝材质上身3秒降温，比空调还凉快！后背蜂窝透气孔设计走路带风，防晒不闷汗~看看这个奶油杏色，搭配吊带裙秒变温柔小姐姐！库存只剩最后50件，现在下单立减30元还送冰袖，3！2！1！上链接！手慢的姐妹明天只能顶着太阳哭咯~！"

2. 【高腰阔腿牛仔裤】
"胯宽腿粗的宝子有救了！这条神裤我要吹爆它！3D剪裁高腰设计把肉肉全藏起来，弹力牛仔布吃饱火锅都不勒肚子~看这个拖地裤脚，155小个子穿出170大长腿！水洗做旧工艺怎么洗都不变形，今天破价直降80！限量100条拍完恢复原价，右上角点关注马上开抢！错过这条再等三个月！"

3. 【印花oversize T恤】
"炸街神器来了！这件潮人必备的oversize tee我要按头安利！重磅220g纯棉怎么机洗都不变形，落肩设计遮住拜拜肉一绝~重点看这个原创手绘印花，街头风撞色字母出门绝对不撞衫！一衣多穿教程来了：下衣失踪配马丁靴，扎进短裤显腿长，当外套内搭叠穿yyds！直播间专属59.9还送潮袜三件套，库存只剩最后两分钟！"

4. 【小香风套装】
"轻奢女孩看这里！价值感爆棚的小香风套装来咯~进口粗花呢面料阳光下会泛珍珠光泽，金丝滚边处处都是细节！短外套+高腰裙的黄金比例，小个子穿出九头身！内搭吊带都是配套的，今天见客户明天约会都能slay全场！专柜同款要1280，直播间三折抢！399还送珍珠胸针！倒数10件拍完下架！"

5. 【百搭小白鞋】
"全年能穿365天的王炸单品来了！这双小白鞋我要称它鞋界万金油！3cm隐形增高鞋垫，踩棉花般的脚

给 DeepSeek 发送消息

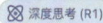

**3.个性化优化话术**

DeepSeek的强大之处,在于它可以根据需求无限优化,直到生成最具吸引力的话术为止。

如果目标用户群体偏年轻,可以要求AI增加潮流热词和网红元素;

如果目标群体偏商务风,可以调整语言风格,显得有高级感;

还可以让AI生成不同折扣力度、不同节奏的促单文案,提高转化率。

## 直播间搭建

直播间的搭建,是AI数字人直播的核心环节。在这里,你不仅要创造一个视觉吸引力强的场景,还要让AI主播的每一句话、每一个动作都精准贴合品牌形象。以下是具体的操作步骤。

**1.选择AI数字人平台**

首先,你需要挑选一个专业的平台,如百度慧播星,然后注册并登录账号,确保你能顺利进入后台管理界面。

**2.创建品牌虚拟主播**

你的AI主播是品牌的代表,需要经过精细打磨。

上传品牌代言人照片，或选择一个最符合品牌调性的AI模特作为虚拟主播。

调整发型、妆容和服饰，确保他的形象与品牌风格保持一致，不突兀、不违和。

### 3.设置直播间场景

一个好的直播间，就像是一家装修精致的实体店。

选择背景——时尚简约是关键，纯色背景或简洁的店铺场景会让产品更突出。

产品展示——上传3D模型或高清图片，让商品出现在主播旁边的展示区，给观众更直观的购物体验。

### 4.导入DeepSeek生成的话术

AI主播的表现，不仅靠形象，还靠"会说话"。

复制话术到百度慧播星平台的脚本输入区。

调整语速和语调，让AI主播听起来更自然、有亲和力，不生硬、不机械。

### 5.设置智能互动模块

直播不仅有展示，还有互动。需要有以下配置。

自动回复规则——让AI能快速解答常见问题，如尺码、材质、搭配建议等，减少用户流失。

限时优惠提醒——"还剩5分钟""库存不多"，这些信息能制造紧迫感，促进下单。

自动发放优惠券——设置关注店铺后自动领取，比如满300减30，用户会更愿意留在直播间。

### 6.测试直播效果

在正式开播前，必须进行测试。

安排一次15分钟的试播，观察AI主播的表现和互动效果。

微调话术、互动规则、产品展示方式，确保一切顺畅。

---

### 7.启动正式直播

一切准备就绪，开始正式直播。

设定时间表——每天10：00—22：00全程在线，并在12：00—14：00、19：00—21：00这样的黄金时间段加强互动，提高转化率。

一键启动AI直播，正式进入全自动运营模式，让直播间全天候稳定运行。这不仅是一场直播，更是一台精准运转的商业机器。在AI的加持下，你的品牌不再受限于人工成本，每天都能稳定输出高质量内容，吸引更多用户进入直播间并成交。

## ★ AI直播互动案例示范

AI直播的核心在于互动，它不仅仅是一个单向的销售通道，还是一个可以让用户参与其中的购物体验。下面是一些具体的场景示范，展示AI如何提升直播间的互动感，让观众既有代入感，又能提高购买欲望。

### 1.观众进入直播间

核心技巧：用亲切的称呼拉近距离，强调专属优惠，促使用户留存并关注直播间。

每一次进入直播间的观众，都是一个潜在的顾客。AI主播的第一句话至关重要，它决定了观众是留下来还是离开。

AI主播："哇，又来了一位时尚达人！欢迎光临潮流前线的直播间。今天我们有超多夏日新品首发哦，记得给主播点个关注，还能获得88元无门槛优惠券呢！"

### 2.用户询问产品问题

核心技巧：直接回答问题，让用户获得关键信息。用感性描述（如"超级显白")增强代入感,让颜色更具吸引力。结合限时促销,制造紧迫感。

直播中的互动是影响购买决策的关键。当用户提出问题时,AI不仅要回答,还要利用机会引导下单。

用户:"这件防晒衣有什么颜色?"

AI回答:"亲爱的,这款轻薄防晒衣有五种糖果色系哦:薄荷绿、柠檬黄、樱花粉、天空蓝和奶油白。每一种都超级显白,我个人最爱薄荷绿,清新又时髦!您喜欢哪个颜色呢?现在下单还有买二送一活动,可以和闺蜜一起入手哦!"

### 3.提供搭配建议

核心技巧:用场景化语言(如"立刻变身街拍达人")让用户产生联想。捆绑销售,推荐一整套搭配,提高客单价。设定限时折扣,让用户感觉机会难得。

服装直播不仅仅是为了卖单品,还要为用户构建整体穿搭,从而提升客单价。

AI主播:"刚刚有小仙女问到高腰阔腿牛仔裤怎么搭配。其实它可太百搭了!配上我们今天主推的印花oversize T恤就很潮,再踩一双小白鞋,立刻变身街拍达人!现在这三件套组合购买还能享受8折优惠,是不是超级划算?"

### 4.限时秒杀

核心技巧:强调时效性——倒计时提醒用户,促使他们迅速下单。突出价值感——对比原价,让折扣看起来更诱人。制造稀缺性——"只有50套",制造抢购氛围。

限时折扣是一种极强的刺激手段,能迅速提升订单转化率。

AI主播:"注意啦!接下来10分钟,我们的小香风套装将开启限量秒杀!原价799,秒杀价只要399!这可是今年最火的高级感穿搭,面料还是进口的,手感一级棒!只有50套,先到先得,手慢无哦!"

### 5.互动抽奖

核心技巧:设定触发条件(如"人气值突破5000"),让观众期待下一次抽奖,增加停留时长。引导用户互动——要求观众发弹幕,提高直播间热度。强调奖品价值,让观众更有动力参与。

抽奖是增强用户黏性的有效手段,观众主动参与,能提高直播间活跃度。

AI主播:"宝贝们,我们的直播间人气值突破5000啦!现在开启幸运抽奖环节,抽中的幸运儿可以获得价值599元的百搭小白鞋一双！想参与的宝贝快在弹幕区打出'我要潮流'！"

**6.个性化推荐**

核心技巧：个性化称呼——直接喊出用户名字，拉近关系。回忆上次购买——让用户觉得被关注，提高信任度。精准推荐——匹配用户兴趣，提高复购率。

AI的强大之处在于数据驱动，它可以记住用户的购买记录，并提供个性化推荐。

AI识别到常客："哎呀，是我们的老朋友小美啊！上次买的高腰牛仔裤穿着还舒服吗？今天我们上新了一款印花T恤，很适合搭配你那条牛仔裤哦。而且你是我们的VIP客户，还能额外享受9折优惠呢！要不要试试看？"

AI直播的互动，不是单纯的"介绍产品"。

它涉及心理引导、用户体验优化、数据驱动销售，每一个环节都经过精心设计，目的是让用户更愿意停留、更愿意参与互动、更愿意下单。一个成功的AI直播间，不仅能提升销售转化，还能让品牌形象更具温度和亲和力。这种方式不仅节省了人工成本，还能实现24小时不间断的智能销售，无论是在深夜还是凌晨，AI主播都能保持最佳状态，确保每一个进入直播间的用户，都有愉快的购物体验。

## 举例2　本地火锅店AI直播推广

## DeepSeek智能脚本生成

直播的关键,在于如何用语言激发食欲,让观众感受到"屏幕里飘着香气"。DeepSeek能精准生成高转化话术,确保直播内容足够吸引人,能刺激消费。

**1.登录DeepSeek**

**2.输入以下Prompt**

"你是一名专业的美食主播,擅长创造吸引力强、转化率高的话术。请为以下5个火锅相关主题各生成一段80—120字的推广话术。每段话术都应包含吸引人的开场白、特色介绍和强有力的促单结尾。主题包括:招牌麻辣锅底、新鲜食材展示、特色调料台、优惠套餐推荐、就餐环境介绍。"

## 输出结果

### a.招牌麻辣锅底

"火辣辣的灵魂暴击来了!家人们,这锅底绝对是嗜辣星人的本命!"

我们精选云贵川三地辣椒+汉源花椒,搭配牛油和32味草本慢熬8小时,辣而不燥、麻香入魂!涮一片毛肚,红油瞬间裹满食材,入口先香后辣,回味带甜,每一口都是颅内高潮!现在下单立减20元,点击下方小黄车,让这锅沸腾的红油承包你今晚的多巴胺!

### b.新鲜食材展示

"鲜到会跳舞的食材见过吗?空运直达的暴击鲜度来了!"

凌晨三点屠宰场现杀的雪花肥牛还带着体温,云南高山菌子带着露珠进后厨,活蹦乱跳的九节虾上桌时尾巴还在拍打!360°旋转镜头看这大理石纹路,生菜芯能掐出山泉水!现在进直播间前50名下单,免费升级海鲜拼盘!手速快才能鲜到骨子里!

### c.特色调料台

"火锅灵魂的终极密码被我们破解了!"

20+种调料玩出千面味道:云南腐乳+贵州木姜子油的异域风情,沙茶酱+黄金蒜酥的潮汕暴击,还有独家熬制的麻辣牛肉酱!看到这个巨型调料台了吗?连四川老师傅都说这是"移动的火锅博物馆"!点击购物车领9.9元调料自助券,你的味蕾值得拥有VIP定制服务!

### d.优惠套餐推荐

"火锅控紧急集合!人均40吃垮老板的攻略来了!"

158元尖叫套餐包含鸳鸯锅底+4荤3素+甜品三剑客!重点来了,牛羊肉拼盘铺满三层,手打虾滑免费续加,连饮料都是巴黎水畅饮!算下来每口肉不到1块钱!但注意这个价格库存只够30单,现在下单再送50元抵用券,手慢的只能看着别人晒图流口水!

> **e. 就餐环境介绍**
>
> "在星空玻璃房里涮毛肚是种什么体验？"
>
> 500m²全景露台布满绿植花墙，独立包间自带KTV和麻将机，连等位区都是网红打卡点！更绝的是每个卡座配无线充电和衣物除味机，带娃的宝妈直奔儿童城堡就对了！现在拍摄环境发抖音@我们，立即赠送杨枝甘露！点击定位马上预约，今晚的朋友圈C位属于你！

话术的字数严格控制在110字左右，采用主播常用口语化表达，利用感叹号/表情符号强化情绪，设置价格锚点、限时福利、感官诱惑三重促单机制，兼顾"种草力"和转化指令。

**火锅推广话术创意设计**

**1. 招牌麻辣锅底**

🔥"火辣辣的灵魂暴击来了！家人们，这锅底绝对是嗜辣星人的本命！"🔥
我们精选云贵川三地辣椒+汉源花椒，搭配牛油和32味草本慢熬8小时，辣而不燥、麻香入魂！涮一片毛肚，红油瞬间裹满食材，入口先香后辣，回味带甜，每一口都是颅内高潮！现在下单立减20元，点击下方小黄车，让这锅沸腾的红油承包你今晚的多巴胺！🌶

**2. 新鲜食材展示**

🍃"鲜到会跳舞的食材见过吗？空运直达的暴击鲜度来了！"🥬
凌晨三点屠宰场现杀的雪花肥牛还带着体温，云南高山菌子带着露珠进后厨，活蹦乱跳的九节虾上桌时尾巴还在扑打！360°旋转镜头看这大理石纹路，生菜芯能掐出山泉水！现在进直播间前50名下单，免费升级海鲜拼盘！手速快才能鲜到骨子里！

**3. 特色调料台**

✨"火锅灵魂的终极密码被我们破解了！"✨
20+种调料玩出千面味道：云南腐乳+贵州木姜子油的异域风情，沙茶酱+黄金蒜酥的潮汕暴击，还有独家熬制的麻辣牛肉酱！看到这个巨型调料台了吗？连四川老师傅都说这是"移动的火锅博物馆"！点击购物车领9.9元调料自助券，你的味蕾值得拥有VIP定制服务！

**4. 优惠套餐推荐**

💥"火锅控紧急集合！人均40吃垮老板的攻略来了！"💥
158元尖叫套餐包含鸳鸯锅底+4荤3素+甜品三剑客！重点来了——牛羊肉拼盘铺满三层，手打虾滑免费续加，连饮料都是巴黎水畅饮！算下来每口肉不到1块钱！但注意⚠这个价格库存只够30单，现在下单 0元抵用券，手慢的只能看着别人晒图流口水！

### 3.话术优化

为了让直播更有"本地烟火气",可以调整话术。

(1)增加本地特色元素(如提及店铺位置、热门夜市氛围)。

(2)针对不同客群优化推荐(如"家庭聚餐推荐""情侣双人套餐")。

(3)增强紧迫感(如"限量50份,售完即止")。

## 直播间搭建

直播间的氛围直接影响用户的观看体验。AI主播需要在一个沉浸式的环境中,带领观众进入"想吃"的状态。

### 1.选择AI数字人平台

挑选一个专业的平台,如百度慧播星,注册并登录账号,确保你能顺利进入后台管理界面。

### 2.创建品牌虚拟主播

上传店铺代表人物照片(如店长或主厨),或者选择一个符合火锅品牌调性的AI模特。

调整主播装扮,让TA看起来更符合"鲜味江湖"的品牌形象。比如,穿着川味特色的红黑配色围裙,头戴火锅主题发饰,语气热情,带点"食神"风格。

### 3.设置直播间场景

火锅的魅力,在于氛围感。

选择真实店铺环境作为背景,比如:

(1)店内的就餐区(让观众感受到热闹氛围)。

(2)厨房(展示食材的新鲜度)。

(3)食材展示区(视觉冲击力最强)。

(4)上传火锅相关3D模型或高清图片,如一锅翻滚的红油锅底。

(5)"雪花牛肉"涮入锅中瞬间变色的慢镜头。

(6)"大虾跳进锅"这样的动态画面(增强趣味性)。

**4. 导入DeepSeek生成的话术**

（1）复制话术到百度慧播星AI平台的脚本输入区。

（2）调整语速和语调，让AI主播听起来热情洋溢。

（3）节奏感要强（不拖沓，信息量足）。

（4）带点"烟火气"（像一个会讲故事的老饕）。

**5. 设置智能互动模块**

（1）用户的提问，是促成下单的重要契机。AI需要及时响应。

（2）"招牌锅底是牛油还是清汤？"→"亲，牛油锅底地道又醇香，清汤锅底温润养生，都是我们店里的人气王！"

（3）"这道牛肉有什么特别？"→"我们选用48小时自然排酸的雪花牛，肉质鲜嫩，轻涮5秒入口即化！"

（4）限时优惠提醒："午市套餐优惠还剩30分钟！"

（5）"晚市特惠即将开始，锁定直播不走开！"

（6）自动发放优惠券：关注公众号领取88折优惠券。

（7）评论"我要吃火锅"，随机抽送免费菜品。

**6. 测试直播效果**

AI主播的表现，直接影响下单率。在正式开播前，必须进行测试。安排30分钟的试播，观察：语速是否流畅？互动回复是否精准？促销信息是否清晰？

根据数据优化：如果用户在"新鲜食材展示"环节停留时间较长，就在正式直播时多展示细节。

如果"秒杀优惠"环节转化率低，就增强紧迫感，如添加倒计时视觉特效。

**7. 启动正式直播**

设定直播时间表：

午市档（11：00—14：00）——主打上班族、午休聚餐

晚市档（17：00—22：00）——主打朋友聚会、夜宵氛围

第七章　DeepSeek+直播变现　169

　　一键启动AI直播，进入全天候运营模式，让"鲜味江湖"的热气腾腾在线下与线上同时升温！

　　AI直播并不是简单的"播放广告"，它的核心在于让用户"闻得到香气"，在屏幕前产生真实的饥饿感和消费冲动。通过DeepSeek精准话术（制造画面感+诱导下单）、AI数字主播（让火锅"说话"）、高互动智能客服（让观众停留更久）、限时优惠+沉浸式场景（推动即时消费），"鲜味江湖"成为一个随时都能点燃食欲的品牌。在线下热气腾腾的同时，线上也能持续升温，吸引更多食客走进真实的餐厅。

### ★ AI直播互动案例示范

**1.观众进入直播间——第一印象，留住他们**

**关键技巧**

　　用称呼+热情欢迎拉近距离，让观众觉得自己是"懂火锅"的人。立即引导关注公众号，锁定潜在顾客，提高复购率。

　　AI主播："哇，又来了一位火锅达人！欢迎光临'鲜味江湖'的直播间！这里是麻辣鲜香的天堂,今天我们有超多美味新品和惊喜福利!记得关注我们的公众号,还有88折优惠券等着你哦!"

## 2. 用户询问菜品——用食欲回答问题

### 关键技巧

画面感描述,不是简单说食材,而是让观众"听见、看见、想吃"。

插入时间,如"涮5秒刚刚好",增强真实感。

促销引导,例如"下单送小吃",让用户更有动力下单。

用户:"你们有什么特色菜品推荐吗?"

AI回答:"亲爱的,这问题我太爱回答了!'鲜味江湖'的招牌菜可是镇店之宝!我们最受欢迎的必须是手切毛肚和现涮牛肉!毛肚脆爽弹牙,牛肉纹理紧致,入锅5秒刚刚好,嫩得让人想落泪!再配上我们秘制的麻辣锅底,香辣交融,回味悠长!现在点招牌套餐,还送招牌小吃一份!要不要来尝尝鲜?"

## 3. 食材展示——让新鲜成为购买理由

### 关键技巧

营造仪式感,用"今天的主角登场"增强戏剧性,而不是冷冰冰的食材介绍。

数据支撑新鲜感,如"每天新鲜采购",增强用户信任感。

限时折扣,如"85折优惠",让用户感觉"现在不下单就亏了"。

AI主播:"各位看官,今天的主角登场!先看看这盘澳洲和牛,油花分布均匀,纹理清晰,每一口都是爆汁的满足感!再看看这篮本地有机蔬菜,绿油油的,刚从农场直送,清脆爽口,搭配火锅刚刚好!我们每天新鲜采购,确保品质在线!现在下单就餐,食材还能享受85折优惠哦!"

## 4. 限时秒杀——让直播间的温度再升高

### 关键技巧

强调紧迫感,用"倒计时+仅限20份"制造抢购氛围。

给出具体优惠点,如"秒杀价省100块",让优惠看起来更有吸引力。

秒杀话术节奏快,激发用户的购买冲动。

用户:"你们有什么特色菜品推荐吗?"

AI主播:"注意啦!各位吃货们,黄金秒杀时刻到了!接下来15分钟,我们的人气双人套餐限量抢购!原价288,现在秒杀价188,直接省100块!套餐包含招牌锅底+精选肉类+海鲜拼盘+有机蔬菜,还送两杯特调果汁!只有20份!手慢无!倒计时开始,快点击下单!"

**5.互动抽奖——让观众成为主角**

**关键技巧**

实时互动,如"刚刚突破500人气值",让用户感到自己是参与者。

低门槛参与,如"发弹幕即可抽奖",让更多人加入,提高直播热度。

增强FOMO感(错失恐惧),如"10秒后开奖",让用户停留更久。

AI主播:"兄弟姐妹们,我们的直播间人气值刚刚突破500啦!这必须安排福利!现在开启幸运抽奖,获奖者将获得价值198元的火锅双人套餐!想参与的朋友,快在弹幕区打出'我要吃火锅'!10秒后开奖!"

### 6.个性化推荐——让AI主播"记住"顾客

#### 关键技巧

个性化互动,如"哎呀,是小李!"让观众觉得自己被关注,增强归属感。

推荐逻辑清晰,基于用户过往购买行为做推荐,而不是随意推荐。

VIP专属优惠,让老客觉得自己有"特权",提高忠诚度和复购率。

AI识别到常客:"哎呀,这不是我们的老朋友小李嘛!上次你说特别喜欢我们的麻辣锅底,今天给你推荐一款新品——藤椒锅底!它的椒香清新,入口麻爽,比麻辣锅底更带感,保证让你爱上!而且你是我们的VIP客户,今天点新品还能享受85折优惠哦!要不要今晚过来尝尝鲜?"

#### ☑ 核心策略

> 热情欢迎——开场就让观众有归属感,提升停留时间。
>
> 生动描述——让食物"活起来",增加食欲冲动。
>
> 紧迫感促单——限时秒杀+FOMO心理,提高转化率。
>
> 互动抽奖——让观众参与,提高直播间活跃度。
>
> 个性化推荐——AI精准匹配用户需求,提高复购率。
>
> 这不仅是一场火锅直播,还是一次"隔着屏幕都能闻到香味"的体验!AI不仅能全天候运作,还能用热情、氛围和个性化服务,让用户忍不住下单,最终走进你的店!

## 7.5 知识补给站　AI直播颠覆传统电商，如何抓住趋势赚得更多

在这个信息极速传播的时代，AI直播正以前所未有的方式颠覆商业模式。曾经，直播依赖真人主播的个人魅力和长时间在线互动；如今，AI让每个人都能成为"超级主播"，让企业能以更低的成本、更高的效率实现全天候的内容覆盖。AI直播的崛起不仅关乎技术创新，更是一场商业模式的彻底革新。它让个体创业者、小品牌，甚至是没有任何经验的普通人，都能快速进入直播赛道，拥有令人惊叹的变现能力。

√一位全职宝妈，用一部手机，靠AI直播一天收入5万！

√一家小品牌，72小时AI无人直播，GMV突破2100万！

这些不再是少数人的幸运，而是AI正在创造的新商业现实。AI直播的核心优势，在于打破了传统直播的"人力+时间"限制，用更智能、更精准、更低成本的方式，实现前所未有的商业增长。那么，AI直播到底是如何运作的？它如何改变商业生态？又该如何利用AI工具获得竞争优势？

## 7.5.1 AI工具全景：如何打造无缝直播体验

AI直播之所以强大，不仅仅是因为自动化，还因为它背后有一整套精细化的AI工具。从内容生成到视频制作，再到数据分析，每一个环节都有专门的AI工具支持，即使是零基础的个人或小团队，也能打造专业级的直播间。

### 1.AI内容生成工具——DeepSeek、ChatGPT等

在几秒钟内生成吸引人的直播话术，精准切中用户痛点。针对不同的产品和人群，自动优化脚本，提高转化率。

### 2.AI数字人主播——百度慧播星、即梦AI等

AI合成的虚拟主播，24小时不间断直播，真人无须出镜。自动学习真人语气、表情，观众几乎察觉不到是AI在主持。

### 3.AI视觉生成工具——Stable Diffusion、Midjourney等

为直播间创造高质量的视觉背景，提高品牌感和用户信任度。

### 4.AI视频剪辑工具——开拍、剪映

让短视频剪辑自动化，快速生产直播切片，提高内容复用率。

### 5.AI智能运营系统

**智能语音**：模拟真人对话，让直播更具情感共鸣。

**数据分析**：追踪直播间用户行为，自动优化话术和促销节奏。

**智能推荐**：根据观众历史数据，精准推送个性化商品，提高转化率。

这些AI工具的结合，意味着直播不再需要庞大的运营团队，一个人也能管理多个直播间，实现多倍增长。

## 7.5.2 AI直播的实用技巧：如何提高转化率

AI的真正价值，在于它可以利用数据驱动优化直播策略。一场成功的AI直播，通常具备以下关键要素。

1.AI生成的直播话术的销售逻辑：痛点→解决方案→促单

开场：引发共鸣，抓住观众注意力

"亲爱的，还在为节食减肥却总是反弹而烦恼吗？"（痛点）

中段：展示产品独特优势

"我们的××减肥茶采用纯天然配方，不仅能帮你轻松瘦身，还能调理肠胃，改善睡眠质量哦！"（利益）

结尾：限时优惠，促使下单

"现在下单还有买二送一的超值优惠，错过这次再等一年，快点击下方链接抢购吧！"（促单）

2.AI防封策略：如何避免违规

在内容审核严格的直播平台上，AI可以自动规避敏感词汇，确保直播内容合规。

智能替换敏感词：例如，"治疗"改为"缓解"，"效果立竿见影"改为"用户反馈良好"。

AI实时监测：自动检测潜在违规内容，及时调整表达方式，避免封禁风险。

3.AI情感计算：让直播更有温度

AI可以实时分析观众的情绪，调整直播节奏和话术，提高观众参与感和停留时间。这些微小的调整，最终都会转化为更高的成交率和用户黏性。

当检测到观众情绪低落时，AI可能会插入轻松幽默的段子，调节氛围。

当观众兴趣浓厚时，AI会自动延长某款产品的介绍时间，增加互动，引导下单。

### 7.5.3 AI直播的未来趋势：企业和个人如何布局

1.成本革命：直播成本将降低70%以上

AI技术的发展，意味着企业可以大幅减少在真人主播方面的投入，降低直播运营成本，同时提升直播质量。

2.技术普惠：一部手机就能开AI直播

未来，AI直播的门槛将越来越低，即便是普通人，也可以通过AI工具，像百万级主播一样直播带货。

3.体验跃迁：AI主播或超越真人主播

随着技术的进步，AI主播的语音、表情、互动能力将越来越接近真人，甚至在某些方面超越真人主播。

那么，企业和个人应该如何应对这场变革？

全面布局AI工具链：从内容生成到数据分析，打造完整的AI直播生态，确保在新趋势下保持竞争力。

利用AI精准营销：基于用户的历史数据和实时行为，实现千人千面的个性化推荐，提高转化率。

持续优化合规策略：AI直播虽然高效，但监管同样趋严。企业需要利用AI实时调整内容，确保符合平台规则，降低封号风险。

## 本章结语

AI直播的商业革命已经到来！AI直播是一场彻底的商业变革，正在重塑内容传播、用户互动和销售模式。它的影响不仅限于企业，还在赋能每一个普通人，让他们能够以前所未有的方式进入市场，实现商业增长。

AI降低了直播门槛，让普通人也能成为超级主播。

AI优化了营销策略，让直播更精准、更高效、更具互动性。

AI提升了内容质量，让直播不再依赖个人能力，而是通过系统化运作实现增长。

但AI直播的真正革命性，并不止步于让更多人参与，而在于它正在重新定义整个商业逻辑。这不仅仅是关于成本的降低，还是效率、精准度和用户体验的全面升级。在传统直播时代，决定成败的关键是主播的个人能力，而在AI直播时代，决定胜负的，是谁能更聪明地利用AI工具，构建一套高效运转的内容生态。可以预见，未来直播电商的主导者将不再是单纯的个人，而是那些善于运用AI技术的创新者。他们不会被时间和体力限制，而是通过智能化运营，实现每天24小时的不间断增长。未来的商业世界，人与AI的结合，将决定谁能抢占这场变革的先机。而最重要的是，现在，正是投身这场变革的最佳时机。

# 第八章

## DeepSeek+付费投流

**海量生成素材，广告爆单率狂飙100%**

在这个人人都在抢流量的时代，抖音投流就像给账号装上了"流量加速器"。你可能听说过这样一句话："自然流量是细水长流，付费投流是开闸放洪。"

美妆品牌PMPM通过在抖音连续投放产品测评视频，实现了销售额的飞跃，从每月50万盒增至80万盒，品牌总销售额突破2000万。王小卤利用用户对试吃的兴趣，推出9.9元mini装鸭脖，将获取新客户的成本从25元降至8元，创造了单月5000万的销售奇迹。

现在有了AI的加持，投流变得更"聪明"了。不仅能自动避开流量低谷时段，还能根据用户刷视频时的停留时间、点赞动作，智能调整投放策略。

流量为王的时代，既要会种树（自然流量），也要会修路（付费投流）。

## 8.1 案例　鲜花电商行业如何用AI让单量暴涨7倍

某天下午，王总盯着电脑屏幕上的ROI数据皱眉，这位杭州鲜花电商的创始人已经连续三个月亏损。直到2023年4月，他的团队用DeepSeek生成的一组母亲节文案，让单日销售额暴涨7倍——这不仅是技术的胜利，还是认知重构的结果。

### 8.1.1　依赖主观经验，盲人摸象式选品

某鲜花品牌运营老张曾为选品焦头烂额：去年七夕主推99元永生花礼盒，结果卖不过夜市39元的单枝玫瑰。而用了DeepSeek之后，AI大脑在23秒内，就从8.7万条地址数据里揪出了秘密，AI将产品精准匹配到三类核心场景，转化率瞬间提升217%。

数据显示，68%的中小商家因选品失误导致ROI低于1∶1.5。

### 8.1.2 碰运气式素材制作，设计师月产20组图已是极限

设计师小李每月最多产出20组广告图，还常常被运营要求"再改改"。而AI系统在A/B测试中同时投放10组素材，发现"痛点+场景化"的结构最能打动人心。比如，那条《她以为你忘了纪念日？顺丰加急挽回计划启动》的爆款文案，直接让转化率飙升300%。

### 8.1.3 凌晨数据波动无人值守，后知后觉式调价

过去凌晨三点的流量波动，往往要等到早会才被发现。某教育机构曾因深夜时段出价过低，白白流失37%的潜在学员。现在DeepSeek像永不疲倦的守夜人，每6小时根据点击率动态调价。

## 8.2 实操攻略　3分钟教你用AI优化全流程（附操作指令模板）

在广告投放的战场中，提示词就像精准导航的北斗系统——这套整理好的"投放前后必备指令集"，不仅能让新手少走80%的弯路，更能让老炮突破经验瓶颈。

## ★ 投放前

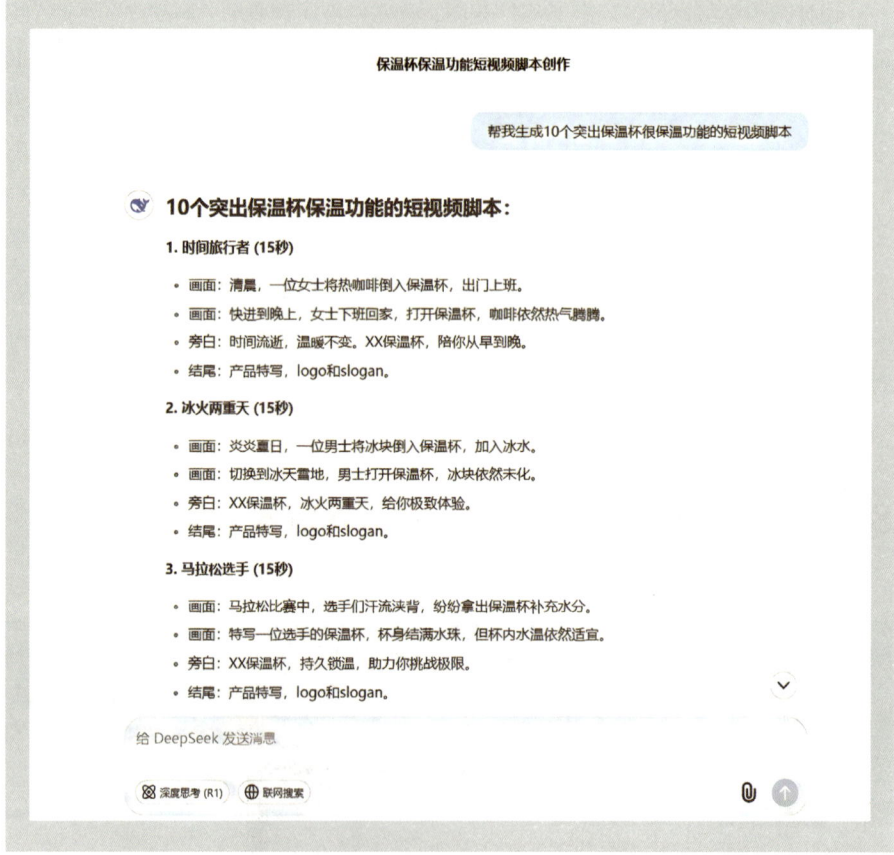

**素材生成提示词**："帮我生成10个突出××功能的短视频脚本"

## ★ 投放前

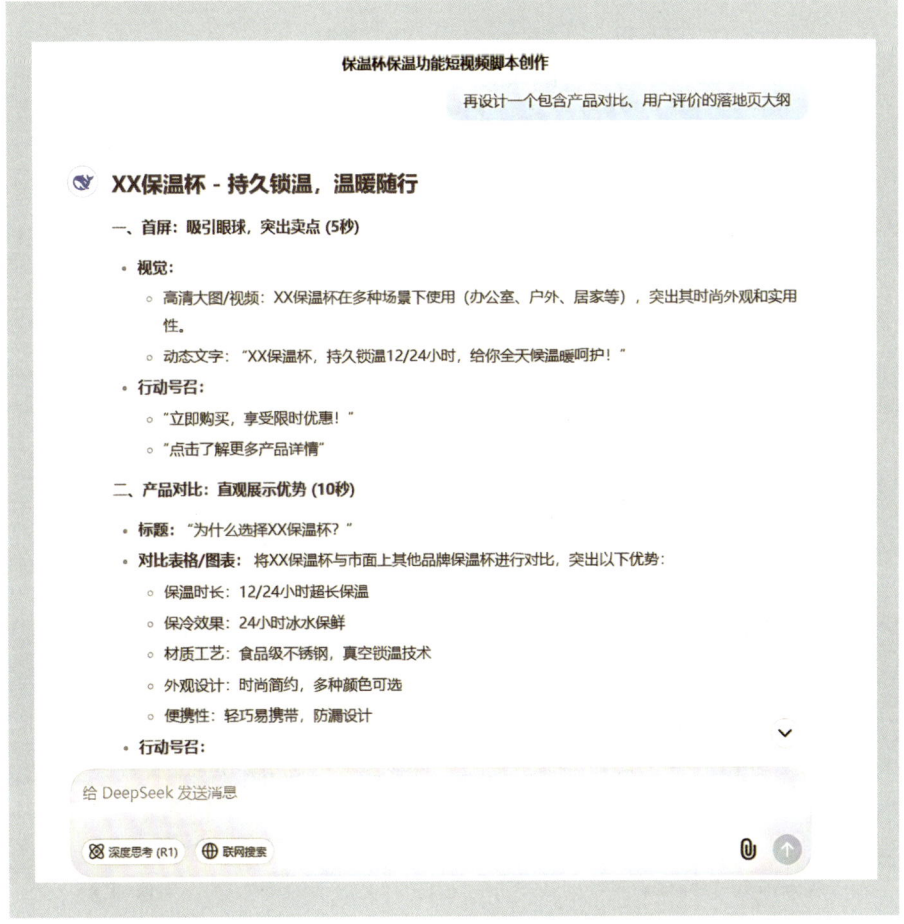

**落地页框架提示词:**"设计一个包含产品对比、用户评价的落地页大纲"

## ★ 投放前

智能话术提示词："给出客户常见问题的10种回复模板"

## ★ 投放中

保温杯保温功能短视频脚本创作

优化这5条广告标题，突出保暖时效长的优势

**优化后的广告标题：**

1. 原标题：XX保温杯，给你温暖呵护

   优化后：XX保温杯，24小时恒温守护，温暖时刻在线！

   优化思路：将"温暖呵护"具体化为"24小时恒温守护"，并加入"时刻在线"强调持久性。

2. 原标题：一杯热水，温暖一整天

   优化后：一杯XX保温杯，12小时热水如初，温暖从早到晚！

   优化思路：将"温暖一整天"具体化为"12小时热水如初"，并加入"从早到晚"强调时间跨度。

3. 原标题：这个冬天，有XX保温杯就够了

   优化后：这个冬天，XX保温杯24小时持久保温，温暖不离身！

   优化思路：将"有XX保温杯就够了"具体化为"24小时持久保温"，并加入"温暖不离身"强调陪伴感。

4. 原标题：户外运动，带上XX保温杯

   优化后：户外运动，XX保温杯12小时冰水保鲜，畅享清凉一整天！

   优化思路：将目标场景锁定为"户外运动"，并强调"12小时冰水保鲜"和"畅享清凉一整天"的体验。

5. 原标题：送长辈，就送XX保温杯

   优化后：送长辈，XX保温杯24小时恒温守护，温暖贴心更安心！

给 DeepSeek 发送消息

深度思考 (R1)  联网搜索

标题优化提示词："优化这5条广告标题，突出××优势"

## ★ 投放中

### 保温杯保温功能短视频脚本创作

用对比法展示XX产品与竞品的3个核心差异

**🐋 XX产品 vs 竞品：3个核心差异，一目了然！**

为了帮助您更好地了解XX产品的优势，我们将其与市面上其他竞品进行了详细对比，以下是3个最核心的差异：

| 核心差异 | XX产品 | 竞品 | 优势解读 |
| --- | --- | --- | --- |
| 1. 持久锁温，温暖加倍 | 采用先进的真空锁温技术，内胆为食品级304不锈钢，保温时效长达12/24小时。 | 普通保温技术，保温时效仅6-8小时。 | XX产品采用更先进的真空锁温技术和优质不锈钢材质，能够有效隔绝热量传递，实现更持久的保温效果，让您随时随地享受温暖。 |
| 2. 冰火两重天，畅享双重体验 | 既能保温，又能保冷，24小时冰水保鲜，畅享清凉一整天。 | 仅具备保温功能，无法保冷。 | XX产品突破传统保温杯单一功能，实现保温保冷双重功效，无论是寒冬还是酷暑，都能满足您的需求，带来更舒适的使用体验。 |
| 3. 匠心设计，品质之选 | 时尚简约外观，多种颜色可选，食品级材质，安全无毒，经久耐用。 | 外观设计普通，材质安全性存疑，使用寿命短。 | XX产品注重每一个细节，从外观设计到材质选择，都精益求精，力求为用户提供高品质的产品和使用体验。 |

选择XX产品，您将获得：

- 更持久的温暖呵护：12/24小时超长保温，让您随时随地享受温暖。

给 DeepSeek 发送消息

深度思考 (R1)　联网搜索　

**卖点提炼提示词："用对比法展示××产品与竞品的3个核心差异"**

# 第八章 DeepSeek+付费投流

## ★ 投放中

> **保温杯保温功能短视频脚本创作**
>
> 创作3个限时优惠的CTA文案
>
> **限时优惠CTA文案：**
>
> 1. 紧迫感 + 行动号召：
>    - "限时24小时！XX产品直降XXX元，立即抢购，错过再等一年！"
>    - "倒计时开始！XX产品限时秒杀，低至X折，手慢无！"
>    - "最后X小时！XX产品买一送一，赶紧下单，享受双倍快乐！"
>
> 2. 突出优惠力度 + 制造稀缺感：
>    - "XX产品年度最大优惠，直降XXX元，限量XXX件，抢完即止！"
>    - "XX产品新品首发，限时X折优惠，仅限前XXX名，先到先得！"
>    - "XX产品会员专享，限时特价XXX元，非会员立享X元优惠券！"
>
> 3. 场景化描述 + 情感共鸣：
>    - "这个冬天，让XX产品温暖你！限时优惠，立享X折，快来感受温暖吧！"
>    - "XX产品，送给最爱的人！限时特价，表达你的心意，让爱更温暖！"
>    - "XX产品，提升你的生活品质！限时优惠，享受精致生活，从此刻开始！"
>
> **CTA文案写作技巧：**
> - 使用动词开头，例如"立即抢购"、"点击领取"、"马上享受"等，引导用户行动。
> - 使用数字和符号，例如"24小时"、"X折"、"XXX元"等，突出优惠力度和紧迫感。
> - 使用感叹号和表情符号，例如"！"、"🔥"、"🎁"等，增强文案的感染力和吸引力。

**行动号召提示词："创作3个限时优惠的CTA文案"**

## ★ 投放后

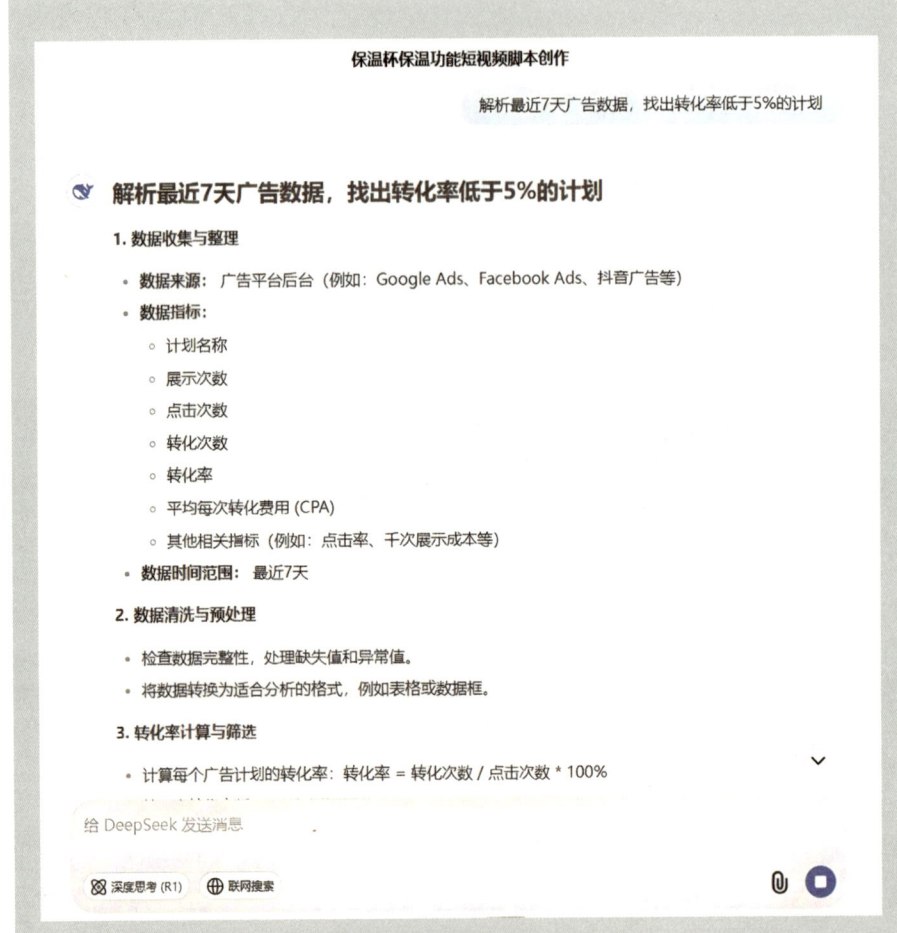

数据分析提示词:"解析最近7天广告数据,找出转化率低于5%的计划"

## ★ 投放后

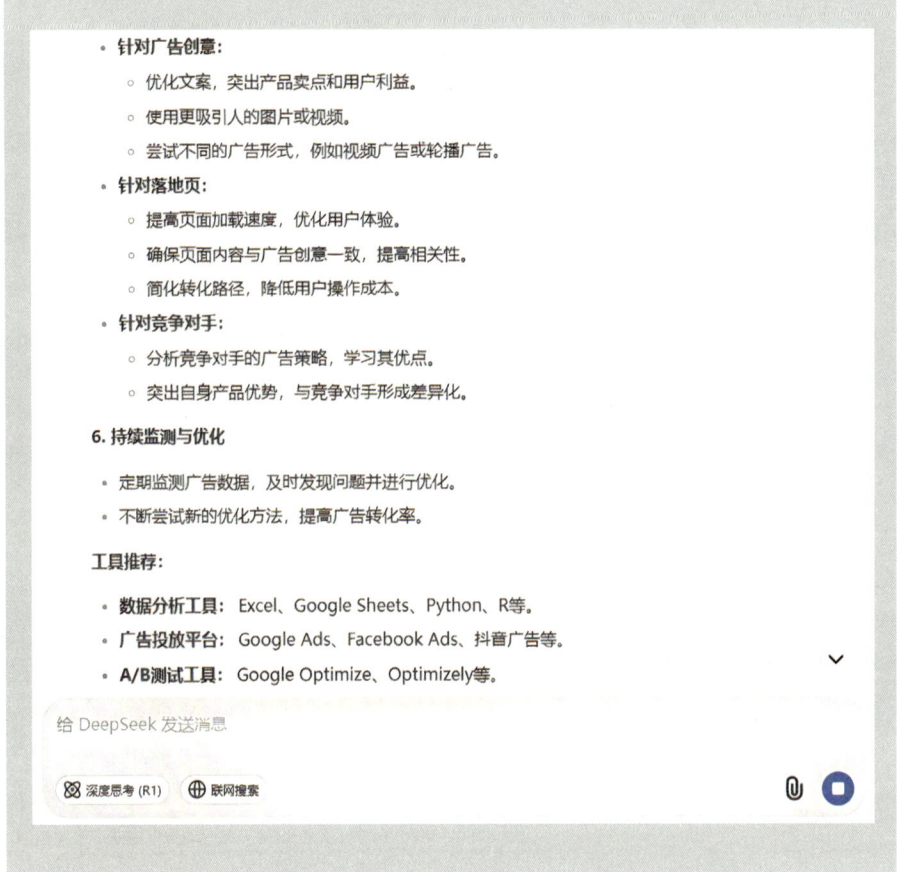

**数据分析提示词**："解析最近7天广告数据，找出转化率低于5%的计划"

## ★ 投放后

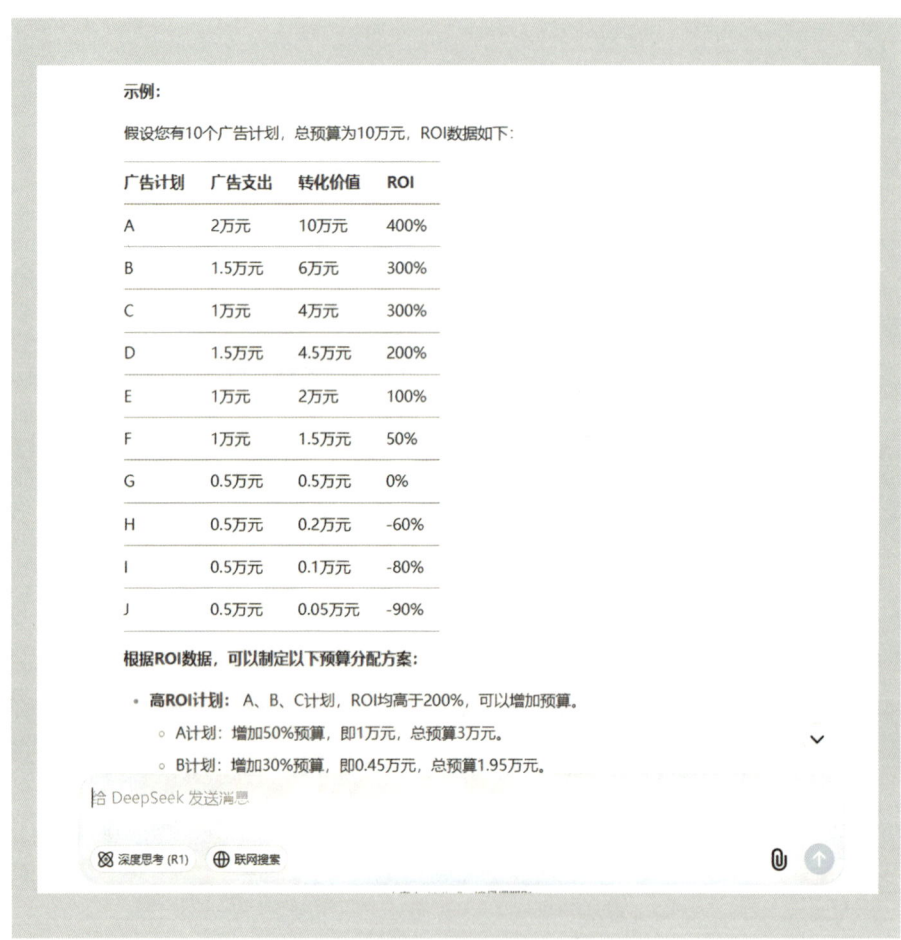

**投放建议提示词：** "根据ROI数据给出下阶段预算分配方案"

**沟通模板（填空式指令）：** 行业+平台+产品优势+具体需求

**话术模板：** "我是（行业）企业在（平台）投广告，想突出（产品优势），需要（具体需求）。"

**AI投流黄金公式：**

GMV提升 =（需求预测准确率×素材裂变效率）/（决策延迟时间×试错成本）

## 饮料行业和跨境商品，如何用AI三招打爆市场

某国民饮料品牌今年推出荔枝气泡水时，就遇上了大难题——在抖音砸了300万推广费，ROI（简单说就是投放一块钱能赚回多少钱）却只有1∶2.5，相当于每赚2.5元就要花1元广告费。

市场总监小林看着后台数据直挠头，痛定思痛，决定把专业的事交给AI干，联手DeepSeek搭建了智能投放系统，结果上演惊天逆转：广告点击率暴涨60%，每个下单客户广告费直降42%，ROI飙到1∶4.3，单月卖出8000万！

## 他们是怎么用AI玩转抖音的？来看三个神操作

### 1.AI人群画像分析：500万用户习惯5秒归纳

把过去三年500万用户数据喂给AI，挖出"低糖控""开箱视频迷""奶茶续命族"等12类人格标签。AI发现"爱看萌宠拆箱"和"爱买气泡水"的重合度高达73%。于是他们专门找宠物博主拍"猫咪开瓶盖"系列视频，有个橘猫用爪子扒拉气泡水的画面，点赞量直接破百万。

## 2.智能文案生成：7天量产200条神文案

市场部小姑娘输入"0糖""荔枝香""解渴"三个关键词，AI连夜吐出200条创意。比如，抓住广州高温梗造的"体感40℃！这瓶荔枝气泡水比空调房还救命！"，配上喝水音效，销量达20万瓶。

## 3.动态出价策略：半夜自动抢流量

以前人工调广告费总踩不准点，现在晚上8点追剧党上线，AI自动把广告位竞价抬高15%；凌晨发现游戏宅男刷美食视频，立刻切换成"开黑必备饮料"话术。最牛的是世界杯期间，AI预判到男生会囤饮料看球，提前三天锁定体育类博主广告位，转化成本比平时还低20%。

## 方法论总结

**AI投流增效公式**

**精准人群画像 × 爆款素材裂变 × 动态出价策略
= 低成本高转化**

义乌小商品想做TikTok出海,主营卡通发饰,希望通过TikTok开拓东南亚市场。语言障碍和文化差异导致初期投放效果差,单视频播放量不足5000。

他们结合DeepSeek做了全链路优化,AI玩了三招"乾坤大挪移",印尼订单量暴涨220%,一款彩虹独角兽发箍的视频播放量飙到300万,连雅加达网红都跑来求合作!

**他们结合AI做了三步优化。**

**1.跨语言AI适配：** 用DeepSeek生成印尼语/泰语字幕，并植入本地热词"gemes"，意为好可爱。有组对比数据特别惊人：同样是小鹿角发饰视频，机械翻译版播放量2.3万，AI本土化版直接冲到87万！

**2.文化热点抓取：** 输入指令"分析印尼斋月节热门话题"，生成宗教元素贴纸和赠品方案，用AI生成了一套营销方案：买发箍送珍珠头巾夹。三天卖出8000单，连马来西亚空姐都组团下单。

**3.智能评论区运营：** 设置自动回复模板，如"Hi! Bisa dikirim ke Surabaya？"（能发往泗水吗？），询单转化率从11%提升到34%。

以前觉得跨国卖货要请翻译、雇运营，现在才明白，AI才是最好的"向导"，比本地人更懂得怎么撬动本地市场！

## 通用实施框架

☑ **AI投流千变万化，但是离不开以下核心步骤**

> 数据基建：用DeepSeek清洗/标注历史数据（完成60%基础工作）
> 智能创作：批量生成适配不同平台的营销内容
> 动态优化：设置关键指标阈值自动报警
> 知识沉淀：建立企业专属的营销策略库

## 起量口诀

> "三高一快"原则=素材迭代频率高 × 人群标签精度高
> × 价值感知度高 × 数据反馈速度快

## 8.3 知识补给站：国内Top3 AI投流工具横向测评

☑ **国内Top3 AI投流工具横向测评**

| 工具 | 核心功能 | 适用场景 | 操作门槛 |
| --- | --- | --- | --- |
| DeepSeek | 全链路素材生成+动态出价 | 多平台投放/跨境电商 | 低 |
| 腾讯广告AI | 微信生态定向优化 | 私域引流/小程序转化 | 中 |
| 千川智能版 | 抖音专属人群包裂变 | 直播加热/短视频爆量 | 高 |

## 本章结语

在流量为王的时代,投流已经成为企业获取用户、提升销量的重要手段。然而,传统的投流方式往往依赖主观经验和运气,效率低下且成本高昂。AI彻底改变了这一局面,投流从"盲人摸象"走向"精准触达",从"碰运气"走向"数据驱动"。

AI在投流中的应用,不仅提升了效率,还颠覆了传统的投流思维。精准的人群画像、智能的素材生成和动态的出价策略,让投流从"粗放式"走向"精细化"。

未来,投流的竞争将不再是简单的流量比拼,而是精准触达和高效转化的较量。AI通过数据驱动的需求预测、智能化的素材裂变和动态的出价策略,正在帮助企业构建起强大的投流护城河。那些率先完成从人工经验到智能算法转型的企业,已经在投流战场上斩获了10倍级的效率红利。

记住,AI不是投流的替代者,而是让投流价值倍增的催化剂。AI投流的未来,不是替代创意,而是让创意在数据的海洋中乘风破浪。当AI成为投流的"智能引擎",流量的天花板将被彻底打破,企业将进入一个全新的智能时代。

# 第九章

## DeepSeek+微信社群

**引爆私域，4步榨干80%潜在用户**

艾瑞咨询发布的《2023年中国私域运营洞察白皮书》显示，当前微信私域用户规模已突破8亿，企业私域渗透率超85%，年均复合增长率达28.6%，其中零售、母婴、快消行业的智能化渗透率将率先超过60%。

例如，广州某美妆品牌通过企业微信沉淀1800万用户，私域复购率高达42%，单客年消费额突破600元；南京母婴品牌依托AI工具实现1对1精准服务，会员年均互动频次达63次，私域GMV占比超35%；茶叶品牌接入智能系统后，用户分层效率提升15倍，转化率提升28%，客诉处理时效缩短至3分钟。

传统人工运营存在以下三大瓶颈。

**人力成本高**
1个客服最多维护200个用户

**响应效率低**
高峰期咨询响应超时率超40%

**转化链路长**
从触达到成交平均需7次互动

在流量成本飙升的今天,微信私域已成为品牌复购增长的核心战场。AI技术的引入,让私域运营实现"千人千面"的自动化服务,私域运营正从"流量收割"转向"用户资产沉淀"的新阶段。

## 9.1 案例　母婴行业如何用AI提升复购率

● **案例背景**

　　南京某母婴连锁品牌,曾因人工推送育儿知识效率低下,导致30%用户流失。引入DeepSeek后,AI自动分析用户宝宝月龄,精准推送"辅食添加""疫苗接种"等知识,3个月内复购率提升22%,客单价增长65%。

在2023年企业微信生态建设中，该品牌已沉淀800万母婴用户，但传统人工服务模式遭遇三大挑战。

1.24小时育儿咨询需求激增，夜间值班人力缺口达65%。

2.用户生命周期管理粗放，0—3岁婴幼儿养育知识推送精准度不足。

3.奶粉、纸尿裤等刚需品复购预测依赖人工回访，会员消费频次波动显著。

■ AI辅助人类进行会员经营

**传统育儿顾问**

**基于经验**：会员经营基于人的经验和知识，1500+个标签

**服务效率**：受身体状况、地理位置、时间影响

**育儿方案**：受个人的专业能力影响

**情感连接**：可靠、值得信任

**KidsGpt育儿顾问**

**数据驱动**：数字化画像实现"千人千面"

**7×24服务**：以小时为单位迭代更新

**育儿方案**：千人千面的个性化推荐

**情感链接**：高维度数字化体验、有用户黏性

## ☑ **核心解决方案**

1.用户画像自动化：清洗12万条消费数据，识别"孕期/0—1岁/1—3岁"三类人群。

2.内容精准匹配：根据用户生命周期自动推送育儿指南+商品组合。

3.智能话术库：生成500+条育儿顾问话术，应答准确率达92%。

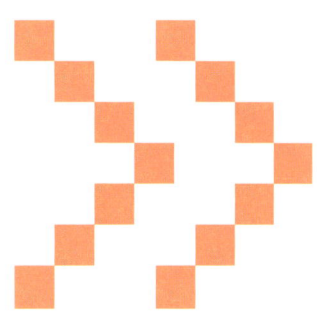

## 9.2 实操攻略  用DeepSeek激活母婴行业80%的意向用户

### 9.2.1 朋友圈运营自动化：AI当你的24小时文案秘书

操作步骤：登录DeepSeek

1.输入关键词"六一儿童节+亲子活动"。
2.选择"朋友圈风格"模板。
3.自动生成10条带emoji的文案。

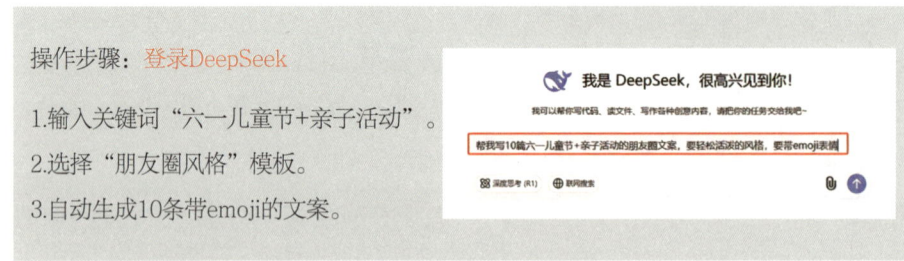

### 9.2.2 社群运营智能化：机器人客服+精准用户画像

1.用DeepSeek设计训练母婴领域对话模型。
2.导入企业常见的问题库（如奶粉冲泡、早教课程等80个高频问题）。

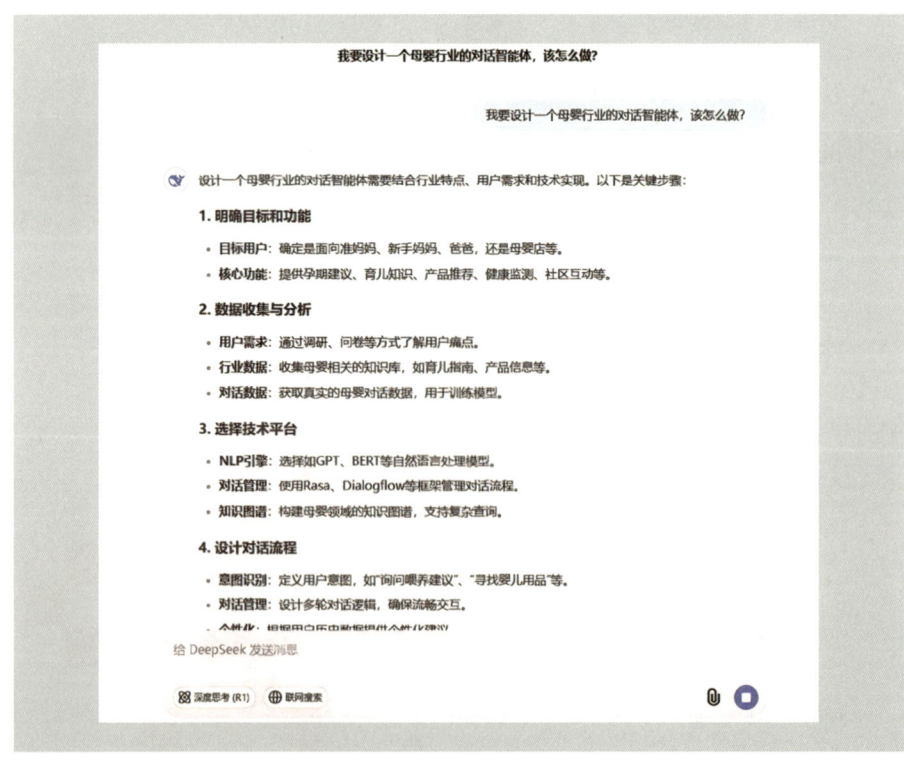

3.集成到小程序里设置自动回复。

4.配置话术模板：当用户提问"6个月宝宝辅食吃什么？"时，自动推送米粉+围兜+研磨碗组合套餐。

## 9.2.3 裂变活动设计：用DeepSeek分析聊天话术，筛选不同类型用户

**1.操作步骤**

（1）企业微信聊天记录自动同步至CRM系统。

（2）AI分析聊天话术，识别高价值用户（如提问超过5次未购买）。

（3）生成个性化跟进话术:"看您关心早教,本周三有免费体验课,需要帮您预留名额吗？"

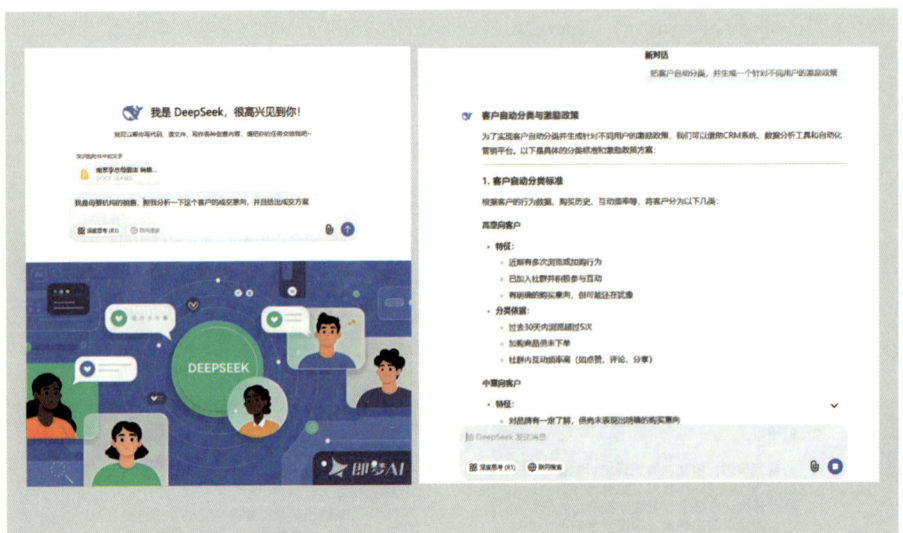

**2.用AI生成老带新智能激励**

（1）高净值用户:送价值399元早教课程。

（2）普通用户:送试用装大礼包。

（3）生成动态进度海报:"您已邀请2人,还差1人解锁大奖"。

## AI私域增效公式

GMV增长 =（用户分层精度 × 内容相关度 × 互动频次）/ 响应延时

## 9.2.4 五分钟学会全流程指令模板

**1.用户分层**

提示词:"分析近30天用户互动数据,按消费频次划分VIP/常规/沉睡客户"。

结论:VIP客户(月购≥3次)推送专属折扣,沉睡客户(60天未互动)触发召回话术。

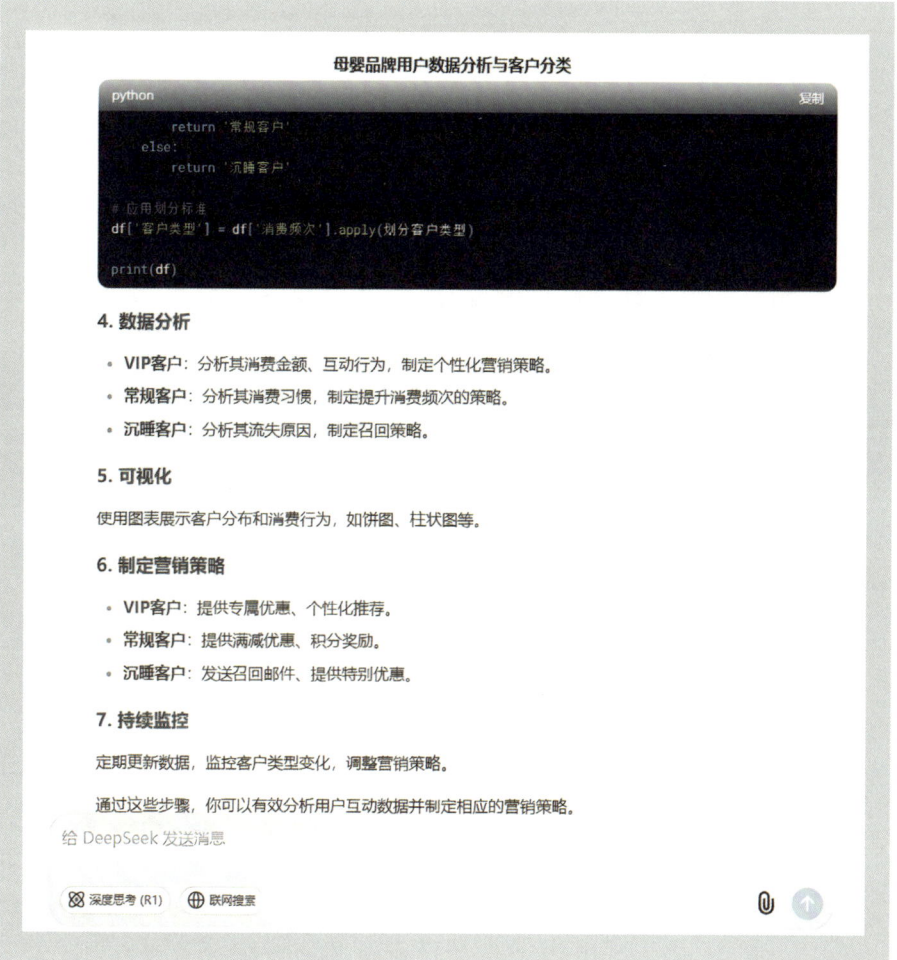

## 2.内容生成

提示词:"生成10条冬季童装促销朋友圈文案,要求包含场景痛点+限时优惠"。

输出示例:寒潮预警!加绒牛仔裤3秒升温,今天下单送暖手宝→戳链接。

## 3.数据优化

提示词:"解析社群7日消息热词,找出用户最关注的3个产品功能"。

结论:用"防摔""透气""抗菌"这3个关键词优化商品详情页。

冬季童装促销朋友圈文案推荐

解析社群7日消息热词,找出用户最关注的3个产品功能

要解析社群7日消息热词并找出用户最关注的3个产品功能,可以按照以下步骤进行:

**1. 数据收集**
- **获取消息记录**:从社群平台(如微信、QQ、Discord等)导出过去7天的消息记录。
- **提取文本内容**:将消息记录中的文本内容提取出来,去除无关信息(如图片、链接、表情符号等)。

**2. 文本预处理**
- **分词**:使用分词工具(如Jieba、NLTK等)对文本进行分词处理。
- **去除停用词**:去除常见的停用词(如"的"、"了"、"在"等),以减少噪音。

**3. 热词提取**
- **词频统计**:统计每个词在文本中出现的频率。
- **TF-IDF分析**:通过TF-IDF算法找出在社群中具有较高重要性的词汇。
- **主题模型**:使用LDA等主题模型提取出社群讨论的主要话题。

**4. 功能关联分析**
- **关键词匹配**:将提取出的热词与产品功能进行匹配,找出与产品功能相关的词汇。
- **情感分析**:分析用户对这些功能词汇的情感倾向(正面、负面、中性),以确定用户对功能的关注程度。

给 DeepSeek 发送消息

深度思考 (R1)   联网搜索

## 9.2.5 AI私域通用方法论框架

当私域进入AI时代,以下四步方法论将成为破局密码。从数据投喂到实时优化,每个环节都在把运营效能推向新高度。

**1.数据投喂:让DeepSeek分析历史订单、客服对话、浏览行为数据**

某快消品牌曾因数据混乱导致用户分层失误,促销活动ROI仅为1∶2.3。让DeepSeek分析历史订单、客服对话、浏览行为数据后,错误率从18%降至0.9%。投喂数据后,某家电企业客服投诉处理效率提升400%。

数据是运营的原油,AI是炼油厂——没有干净的数据,再聪明的策略也会变成空中楼阁。

**2.智能分层:AI自动标记高价值用户**

母婴电商应用RFM模型后,AI自动标记出"月购≥3次"的高价值用户,推送"满99减20"优惠券,转化率比普通用户高58%。更夸张的是,某服装品牌通过RFM模型发现"沉睡用户(60天未购)"对"限量秒杀"敏感度高达34%,召回率提升27%。

**3.话术生成:批量生成朋友圈/社群/1对1话术素材库**

好话术不是灵感闪现,而是AI从用户行为数据里提炼的"成交密码"。某零食品牌用AI生成的"追剧伴侣限时5折"朋友圈文案,打开率比人工文案高210%。系统通过分析10万条爆款话术,发现"场景痛点+数字承诺+紧迫感"的黄金公式。

AI批量生成的社群话术库,让某教育机构客服应答首次解决率从68%提升至85%。内容工程使某饮品品牌促销活动ROI从1∶3.2飙升至1∶6.8,相当于每投入1元多赚3.6元。

**4.实时优化:实时监控"消息打开率""优惠券核销率"等核心指标**

某生鲜平台实时监控"消息打开率"和"优惠券核销率",发现早市时段(6∶00—8∶00)打开率比平时高42%,于是立即调整推送策略,结果该时段订单量增长了37%。更夸张的是,AI动态优化让某汽车品牌线索转化率从4.7%提升至9.2%。

## 9.3 知识补给站:AI私域工具矩阵

| 工具组合 | 应用场景 | 效率提升 |
| --- | --- | --- |
| DeepSeek+微盟 | 自动化促销活动策划 | 活动筹备周期缩短70% |
| DeepSeek+尘锋SCRM | 多平台用户数据整合 | 画像构建效率提升8倍 |
| DeepSeek+腾讯云智服 | 24小时智能客服 | 人力成本降低60% |

**本章结语**

未来，私域运营的竞争将不再是简单的用户规模比拼，而是用户价值的深度挖掘。AI通过数据驱动的精准营销、智能化的用户分层和高效的互动响应，正在帮助企业构建起强大的私域护城河。那些率先完成从人工经验到智能算法转型的企业，已经在新消费战场中斩获了10倍级的效率红利。

# 第十章

## DeepSeek重塑管理

### 5大环节效能爆炸式翻倍，团队战力拉满

在波士顿咨询集团追踪的2147家破产企业中，62%的破产诱因并非技术落后或资金链断裂，而是隐形的"管理黑洞"——那些未被量化的目标失真、人才错配与组织内耗，正以每年吞噬企业15%—22%净利润的方式，悄然完成对商业生命的绞杀。

工业时代的科层制带来的信息衰减，使企业战略落地损耗率高达47%，金字塔结构下的人力资源错配导致30%以上的工时无效，传统绩效考核制造的"伪勤奋"让团队真实效能持续缩水。

（工业时代科层制工厂示意图）

这解释了在技术平权的今天，同类赛道企业为何仍会呈现5—8倍的运营效率差的原因。全球顶尖企业已验证AI的管理价值，从目标协同到执行监控形成完整的智能闭环。

管理正在被AI重新定义，AI不再只是工具，而是进化为组织的"第六管理层"。

## 10.1 案例　传统制造行业如何用AI创新生产管理

### ● 案例背景

当苏州工厂的车间响起智能调度的指令声，制造业的"人效革命"正式拉开帷幕。这不是科幻电影，而是全球最大汽车零部件厂商正在上演的真实故事。

AI让排班从"拍脑袋"变成精密的数学题，将人力成本压缩的同时，把生产响应速度提升到了令人窒息的23分钟。

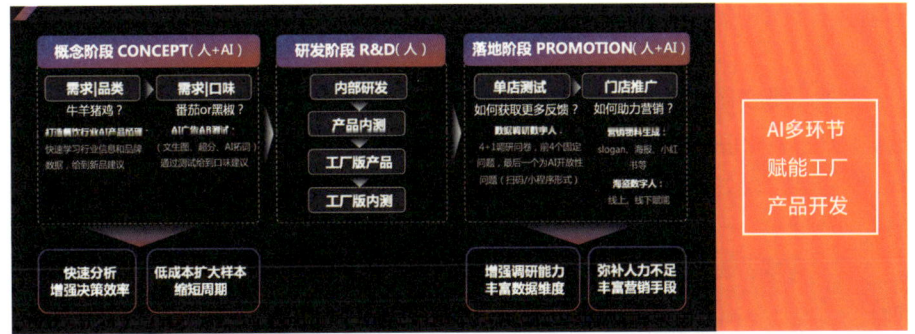

2024年,苏州工厂日均要处理20种生产计划波动,传统排班方式需要50名调度员连续加班。

但这次他们做了件疯狂的事:把ERP订单数据和3000名技工的136项技能标签(比如"数控机床操作熟练度≥90%")喂给AI。

结果像变魔术:系统自动识别出"某班组同时被安排3个高难度工序"的冲突,比人工检查快了100倍。

同样的案例还有很多,比如在春节前,系统提前两周预判到某型号火花塞订单将激增40%,自动调配了3个预备班组。某家电企业曾因预测失误,导致春节期间200名工人闲置,损失超800万元。

机械时代追求"效率最大化",数字时代追求"流程标准化",智能时代追求"生命体的自我迭代"。

动态调度算法支持的"三级响应机制"堪称创举:普通订单按常规排,紧急订单触发则预备队10分钟到岗,重大突发情况直接启动智能预案。

在苏州工厂的案例里,AI不是制造业的奢侈品,而是降本增效的核武器。当传统工厂还在为排班表争得面红耳赤时,聪明的企业已经让AI把生产要素变成可调度的"数字积木"。

## 方法论公式

$$督导效能 = （问题识别速度 × 解决方案准确率） ÷ 人工巡检成本$$

## 10.2 实操攻略　用DeepSeek解决企业日常最难搞的五个问题

当企业数字化转型进入深水区，这五个阶段将成为破局密码，让管理效能实现指数级跃迁。就像用基因检测定制健康方案，AI让组织进化从随机突变变成定向进化。

**1. 会议管理：提升会议效率，减少时间浪费，确保会议成果可追踪**

AI对话提示词示例：

会议纪要生成

**2. 文档管理：实现文档的智能分类、快速检索和高效协作**

AI对话提示词示例：

文档分类与标签

"自动分析并分类我上传的10份合同文档，并为每份文档打上关键词标签。"
"将'2023年财务报告'归类到'财务'文件夹，并标记为'年度报告'。"

文档检索
"帮我找到所有包含'客户满意度'关键词的文档。"
"搜索去年Q3的市场分析报告，并提取其中的核心数据。"

**3.客户关系管理：提升客户洞察力，优化销售流程，提高客户满意度**

**AI对话提示词示例：**

**客户画像生成**

"根据最近3个月的客户交互数据，生成客户A的画像，包括需求偏好和购买历史。"

"分析高价值客户的共同特征，并总结他们的核心需求。"

**销售机会预测**

"预测下个月可能成交的客户名单，并列出他们的潜在需求。"

"根据历史数据，推荐最适合客户B的产品组合。"

**智能客服**

"自动回复客户关于'产品保修政策'的常见问题。"

"分析客户C的聊天记录，判断他的情绪状态，并推荐合适的沟通策略。"

**4.人力资源管理：提升招聘效率，优化员工培训，实现绩效评估的客观化**

**AI对话提示词示例：**

**简历筛选与人才匹配**

"筛选所有投递'产品经理'职位的简历，并推荐最符合要求的5位候选人。"

"对比张三和李四的简历，分析他们的优劣势，并给出招聘建议。"

**个性化学习推荐**

"根据张三的技能评估结果，推荐适合他的培训课程。"

"为销售团队生成一份关于'客户沟通技巧'的学习计划。"

---

**保温杯销售团队客户沟通技巧学习计划**

我们公司是生产保温杯的，年销售额2000万，请为销售团队生成一份关于'客户沟通技巧'的学习计划。

**保温杯销售团队"客户沟通技巧"学习计划**

目标：提升销售团队客户沟通技巧，提高客户满意度，促进销售额增长。

对象：全体销售人员

时间：4周

学习方式：线上学习、线下培训、角色扮演、案例分析

学习内容：

第一周：沟通基础与保温杯产品知识

- 线上学习：
  - 沟通的定义、要素、流程
  - 有效沟通的障碍及克服方法
  - 保温杯生产工艺、材质、功能、卖点
  - 竞品分析及差异化优势
- 线下培训：
  - 公司产品线详细介绍
  - 产品演示及话术演练

---

**绩效评估**

"分析李四过去6个月的绩效数据，并生成一份评估报告。"

"对比销售团队成员的绩效表现，找出需要改进的共性问题。"

**5. 财务管理：提升财务数据的准确性和分析效率，优化资金管理**

**AI对话提示词示例：**

**财务报表生成**

"自动生成2023年Q2的损益表，并标注关键财务指标。"

"对比2022年和2023年的现金流量表，分析主要变化原因。"

---

**风险检测与合规**

"分析最近一年的财务数据，检测是否存在异常交易。"

"检查所有报销单据是否符合公司政策，并标记可疑项目。"

## 10.3 知识补给站：AI管理工具选型表

| 工具类型 | 代表产品 | 核心能力 | 适用场景 | 价格区间 |
|---|---|---|---|---|
| 智能招聘 | Eightfold | 人才画像+内部流动建议 | 万人以上企业 | $8—15/人/月 |
| 流程自动化 | UiPath | RPA+AI审批 | 制造业/金融 | ￥50万/年起 |
| 数据分析 | Tableau AI | 自动生成人效诊断报告 | 中大型企业 | ￥20万/年 |
| 专属定制 | DeepSeek | OKR对齐+战略拆解 | 集团型组织 | 定制报价 |

## 本章结语

在数字化转型的浪潮中，AI正在成为企业管理的"第二大脑"。

AI不再是简单的工具，而是进化为组织的"第六管理层"，帮助企业在目标对齐、执行监控和风险预判中实现智能闭环。

AI在管理中的应用，不仅仅是效率的提升，还是对管理思维的革新。通过精准的数据分析、智能的流程优化和实时的风险预警，AI让管理从"粗放式"走向"精细化"。无论是制造业的排班革命，还是金融业的智能管理，AI都在帮助企业实现从"经验管理"到"数据管理"的转变。

未来，管理的竞争将不再是简单的流程优化，而是组织效能的全面提升。AI通过数据驱动的目标拆解、智能化的资源调度和高效的决策支持，正在帮助企业构建起强大的管理护城河。那些率先完成从人工经验到智能算法转型的企业，已经在管理效能上实现了质的飞跃。

当AI成为企业的"第二大脑"，管理的天花板将被彻底打破，组织的进化将进入一个全新的智能时代。

## 全书总结
## AI时代，重构未来的无限可能

当您翻到这一页，意味着我们已经共同完成了一场关于AI的深度探索之旅。从文案生成到短视频创作，从私域运营到企业管理，AI技术正以前所未有的速度重塑着商业世界的每一个角落。这场变革不是对传统的颠覆，而是对生产力的重新定义——它让普通人拥有超能力，让小企业具备大智慧，让创新不再受限于资源与经验。

### 一、AI的本质：从工具到伙伴

本书的各大模块揭示了AI的深层价值：它不仅是效率工具，更是战略级伙伴。

正如DeepSeek在文案创作中展现的"智能许愿"能力，AI正在成为组织的"第二大脑"——它能听懂需求、预判问题、自主决策，甚至创造惊喜。在杭州宝妈案例中，AI让一个素人月入10万；在苏州工厂，AI将排班效率提升90%；在某银行，AI化身"数字侦探"规避数千万风险……这些奇迹的背后，是AI从"执行者"向"协作者"的进化。

### 二、AI革命的核心逻辑

1.数据即燃料：无论是用户画像还是战略拆解，精准的数据洞察是AI发挥价值的基石。

2.场景即战场：AI的价值不在于技术本身，而在于对具体场景的深度适配——从直播间话术到工厂排班表,皆需"对症下药"。

3.迭代即生存:AI时代的核心竞争力,是持续学习与优化的能力。正如投流场景中"动态出价策略"的进化,唯有让AI与业务共成长,方能立于不败之地。

### 三、未来已来:AI的下一站

从"功能智能"到"情感智能":未来的AI将不仅能理解指令,还能感知情绪。当数字人主播能根据观众心情调整语气,当客服机器人能识别用户焦虑并温柔安抚,人机协作将进入全新维度。

从"单点突破"到"生态融合":AI+文案、AI+直播等独立场景的突破,终将汇流成"全链路智能生态"。企业需要构建数据贯通、能力互补的AI矩阵,让每个环节都成为增长飞轮的一环。

从"替代人力"到"激发潜能":AI不会取代人类,但会用AI的人终将淘汰不用AI的人。未来的管理者应是"人机协同指挥官",让员工从重复劳动中解放,专注于创造力与战略思考。

### 四、致读者:成为AI时代的"新物种"

在这个技术平权的时代,最大的风险不是被AI超越,而是对AI视而不见。请记住三个行动准则。

以终为始:从业务痛点出发选择AI工具,而非追逐技术泡沫。

小步快跑:用"单点实验—快速复制—全面推广"的敏捷模式,降低试错成本。

保持温度:AI能计算数据,但无法替代人类的同理心与价值观。让技术为善意赋能,方是长久之道。

当蒸汽机开启工业文明,电灯照亮现代世界,AI正在书写人类历史的下一篇章。这本书不是终点,而是您探索AI宇宙的起点。请带着这份手册中的方法论,以勇气拥抱变化,以智慧驾驭技术,在AI重构的世界里,找到属于您的星辰大海。